¡ IMAGÍNATE...!
Imágenes mentales en la clase de español

RECURSOS PARA EL AULA

¡IMAGÍNATE...!

Imágenes mentales en la clase de español

Jane ARNOLD
Herbert PUCHTA
Mario RINVOLUCRI

ele
Español Lengua Extranjera

SGEL

Primera edición, 2012

Produce: SGEL – Educación
        Avda. Valdelaparra, 29
        28108 Alcobendas (MADRID)

© Jane Arnold, Herbert Puchta y Mario Rinvolucri
© De la traducción: Juan Jesús Zaro Vera
© De esta edición: Sociedad General Española de Librería y Helbling Languages, 2012
© De la edición original en inglés: Helbling Languages, 2007

Traducción y adaptación del original: Juan Jesús Zaro Vera
Edición: Mise García y María Luisa Bagaces
Diseño de cubierta e interiores: Alexandre Lourdel
Maquetación: Alexandre Lourdel

La editorial agradece el permiso de reproducción de fotografías
y otros materiales con copyright, cedidos amablemente por:
   TA Fantastika Black Light Theatre (Praga). Interpretación no verbal *Aspects of Alice*
      (www.tafantastika.cz): p. 35;
   José María G. Espínola: pp. 55, 89, 92, 109, 126, 127, 181;
   Martin Cook (HumanDescent): p. 71;
   Herbert Puchta: p. 117;
   Dena Arnold: p. 135

Música: David Kettlewell: p. 124;
        Ramón García Tamarán: pp. 63, 141, 166, 179;
        Francisco Ortuño: p. 109

Ilustraciones: Barbara Bonci: pp. 43, 47, 144;
               Alexandra Ceriani: p. 145;
               Yissuko: pp. 12, 13, 16, 20, 29, 30, 117

Audio: Crab Ediciones Musicales

ISBN: 978-84-9778-676-8
Depósito legal: M-2737-2012
Printed in Spain – Impreso en España
Impresión: Gráficas Rógar, S.A.

Queda prohibida, salvo excepción prevista en la Ley, cualquier forma de reproducción, distribución, comunicación pública y transformación de esta obra sin contar con la autorización escrita de Helbling Languages. La infracción de los derechos mencionados puede ser constitutiva de delito contra la propiedad intelectual (Art. 270 y ss. Código Penal). El Centro Español de Derechos Reprográficos (www.cedro.org) vela por el respeto de los citados derechos.

All rights reserved. No part of this publication may be reproduced or transmitted in any form or by any means, or stored in any retrieval system of any nature without the prior written permission of Helbling Languages.

A las maravillas de la imaginación humana

Nuestro agradecimiento a:

Caroline Petherick, por editar este libro con gran profesionalidad, paciencia y buen humor.

Lucia Astuti y su equipo de Helbling Languages por el apoyo y entusiasmo demostrado durante este proyecto.

Michael Grinder, por compartir generosamente durante un seminario en el Hoedekenhus, en Alemania, los resultados de la investigación aplicada a estudiantes «difíciles» y la necesidad de ayudarles a desarrollar su capacidad para el pensamiento visual.

Javier Ávila, Tammi Santana, Inma León y otros colegas y alumnos por las utilísimas sugerencias recibidas, que nos han ayudado a reformular nuestras ideas.

Contenidos

Introducción 11
Notas sobre los autores 21
Cómo aprovechar al máximo el trabajo con imágenes 25

SECCIÓN 1 ▸ APRENDER A VISUALIZAR

1   Señala dónde está la ventana 41
2   El gatito que está en tu regazo 43
3   Preguntas sobre un dibujo 45
4   Despierta tus sentidos 48
5   Del tacto a la imagen interior 50
6   Del movimiento a la imagen interior 51
7   Imagina el vocabulario 53
8   Ver colores y números 54
9   Crear una imagen mental 55
10 Tu propio nombre 56
11 Lavarse las manos 58
12 Tu cine particular 60
13 El soñador que hay en mí 62
14 Museo de imágenes 64

SECCIÓN 2 ▸ CENTRARNOS EN LA LENGUA

15 Ser el doble de un retrato 67
16 Aprender una palabra con su familia y sus amigos 68
17 Elepientes y cebradrilos 70
18 Los pronombres y la realidad a la que se refieren 72
19 La traducción flotante 74
20 El pretérito perfecto en imágenes 76
21 Repasar vocabulario mediante imágenes 77
22 Dar la vuelta a una imagen 78
23 Hacer rotar frases en la mente 79
24 Una receta 80

CONTENIDOS

25	Escucha y sueña despierto	82
26	La corrección visual de errores	84
27	¿Qué he aprendido hoy?	86
28	Visualizar *ser* y *estar*	87
29	Preparándonos para leer	89
30	De las imágenes al poema	91
31	Habla, escucha y dibuja	92
32	Cooperar para describir	93
33	Siempre hay alguien con quien hablar	94
34	Escritura automática	97

SECCIÓN 3 ▸ VAMOS A CONTAR HISTORIAS

35	De la audición a la lectura y la escritura	101
36	Cómo expandir una historia	104
37	Sonidos, murmullos, historias	106
38	Crear una historia	108
39	Comprender el vocabulario de una historia	110
40	La historia de una ratoncita	112
41	Pan con sorpresa	114
42	Un día en la vida de…	115
43	Vivir mi día otra vez	118
44	¿Qué clase de padre?	120
45	El final de la historia	122
46	Escribir a partir del sonido de la música	124
47	Escritura guiada	125
48	Escribir a partir de ilustraciones	126

SECCIÓN 4 ▸ IMÁGENES DEL TIEMPO Y DEL ESPACIO

49	Mis sitios preferidos	131
50	Dejar que fluyan las imágenes	133
51	Recuerda aquel entonces	135
52	Empezar desde espacios	137
53	Subir en un globo	138
54	El lago del bosque	140
55	Formas en espacios	142
56	Donde viven los animales	146
57	Experiencias nocturnas	148
58	Vivir las estaciones	149

CONTENIDOS

59	Había un universo brillante, brillante	150
60	La máquina del tiempo	151

SECCIÓN 5 ▸ MIRAR HACIA DENTRO

61	Cuestión de edad	155
62	Buenos amigos	156
63	Mi *yo* en el futuro	159
64	¿Qué es la felicidad?	161
65	La lengua materna, banco de recursos	164
66	Escribir con ayuda de la música y de los demás	166
67	Mi *yo* lingüístico ideal	167
68	Tres tipos de personalidad	170
69	Explorar el aburrimiento	174
70	Conoce al sabio que hay dentro de ti	175
71	El anillo mágico	177
72	Cualidades positivas	178
73	Dibujar una imagen tuya	180
74	Un nuevo *tú*	182
75	Nuestro grupo	184
76	Desconecta	187
77	Imagina… un mundo ideal	189

Referencias	191
Guía de referencia rápida para el profesor	194
El CD / CD-Rom	198

Introducción

> Creo que gran parte del tiempo que se dedica ahora a la preparación e impartición de lecciones podría emplearse, de manera más inteligente y útil, en moldear el poder que tienen los niños para imaginar y en procurar que estén continuamente formando imágenes definidas, precisas y cada vez mayores de los diversos ámbitos con los que entra en contacto en su experiencia.
> (John Dewey, *My Pedagogic Creed*, 1897)

VISIÓN GENERAL

¿Cuántas ventanas tiene tu casa? Si alguien te hace esta pregunta, lo más probable es que intentes visualizarla y moverte mentalmente por sus habitaciones para contar las ventanas. Pedir y recibir direcciones, recordar dónde nos dejamos las llaves del coche, ver cómo queremos redecorar una habitación sin tener que mover muebles pesados… En todos estos casos, podemos recurrir a imágenes mentales para que nos ayuden. En la vida cotidiana, hacemos uso automático de las imágenes que hay en nuestra mente de muchas formas distintas como parte de nuestros procesos mentales naturales.

Algunos de los mayores logros y descubrimientos en el arte y en la ciencia se han logrado por medio del uso de imágenes. Mozart visualizaba sus composiciones mentalmente antes de escribirlas en papel, y Beethoven, tras perder el sentido externo del oído, creó parte de su música más bella, que solo podía oír con los oídos de la mente. Se dice que Kekule descubrió la estructura del benceno con su «ojo mental» en una ensoñación, mientras que Einstein, cuya idea básica para la Teoría de la Relatividad le llegó por medio de una imagen en la que se veía a sí mismo montando un pequeño rayo, explicó que sus procesos mentales no eran verbales, sino ricos en imágenes. Ejemplos como estos muestran que las imágenes mentales juegan un papel destacado en los procesos de descubrimiento creativo.

Según muchos investigadores del campo de la medicina, podemos recurrir a las imágenes para ayudar a que nuestros cuerpos sanen; igualmente, las imágenes son utilizadas extensivamente para mejorar el rendimiento en casi todos los deportes. Por ejemplo, Gallwey habla así del «juego de tenis interior»:

INTRODUCCIÓN

«Concéntrate hasta imaginarte a ti mismo lanzando la pelota con fuerza, utilizando el golpe que te sea más natural. Visualiza tu servicio con tu ojo mental, acaparando todos los detalles visuales y táctiles que puedas reunir. Escucha el sonido del impacto y fíjate en cómo la pelota vuela rápidamente hacia la pista de servicio. Mantén esta imagen mental durante un minuto aproximadamente» (Gallwey, 1972:70).

Las imágenes pueden utilizarse para ensayar y mejorar muchas destrezas, y están presentes en muchas disciplinas, como la formación en el campo de las Ciencias, el diseño de imágenes por ordenador y la biomedicina. Las imágenes mentales son consustanciales al procesamiento y almacenaje de la información, que son la base del aprendizaje, de modo que su importancia para la enseñanza es incuestionable.

Según Alesandrini (1985:207), «la cuestión no es ya si las imágenes mentales facilitan o no el aprendizaje, sino más bien cómo utilizarlas para que faciliten las cosas lo mejor posible». En la clase de español, a nosotros nos pueden ayudar a enseñar mejor, y a nuestros alumnos a aprender de modo más eficaz.

Earl Stevick subraya que el lenguaje y las imágenes mentales están íntimamente ligados entre sí. Señala también la importancia de las imágenes en la comunicación verbal: «un intercambio de palabras solo es comunicativo cuando causa alguna modificación en las imágenes de la mente del destinatario del mensaje» (Stevick 1986:16).

Al hablar de imágenes mentales se recurre a menudo a la palabra *visualización*. Aquí la consideraremos como el proceso de formación y utilización de imágenes mentales con algún propósito, es decir, la creación de lo que se ha denominado «películas de la mente». Relacionada a menudo con nuestras emociones, se refiere a la percepción que no procede de estímulos exteriores, sino del interior de nuestra mente. Nuestras imágenes mentales no se limitan en absoluto a lo visual, sino que abarcan también lo auditivo, lo táctil, lo cinestésico, lo olfatorio y lo gustativo. Intenta durante un instante escuchar la canción «Cumpleaños feliz» con tu oído mental, o tocar terciopelo con tus dedos mentales, u oler pan recién sacado del horno, o saborear un limón.

Las palabras están, en sentido muy real, pegadas a imágenes. Si alguien nos dice que no pensemos en elefantes, mientras oímos estas palabras sucederá lo inevitable y nos vendrá la imagen mental de un elefante.

Esta relación es bidireccional. Las palabras pueden estimular imágenes en nuestra mente, y cuando tenemos una imagen mental podemos clasificarla o describirla verbalmente.

INTRODUCCIÓN

Hay muchas razones de peso para utilizar imágenes mentales en la clase de lengua. El empleo de imágenes puede contribuir significativamente al aprendizaje lingüístico de nuestros alumnos, de modo directo o indirecto. Entre otras cosas, puede:

- Incrementar las destrezas cognitivas del alumno y su creatividad.
- Mejorar su comprensión lectora y auditiva.
- Proporcionarles cosas que decir o escribir.
- Capacitarlos para recordar mejor lo que han aprendido.
- Aumentar su motivación.
- Reforzar el concepto que tienen de sí mismos.
- Ayudarlos a concentrar su atención.

Charles y Jill Hadfield (1998:11) explican cómo el empleo de imágenes puede incluso utilizarse para enriquecer aquellos contextos de aprendizaje donde escasean los recursos materiales: «Utilice el recurso ilimitado de la imaginación de los estudiantes… pídales simplemente que cierren los ojos y que creen sus propias imágenes, que se convertirán en el estímulo para llevar a cabo actividades de lenguaje oral o de escritura».

En este libro, vamos a explorar cómo la clase del español puede enriquecerse mediante la incorporación de actividades que utilizan imágenes mentales, el recurso interior que Majoy (1993:64) ve como uno de los «instrumentos más poderosos, eficaces y necesarios para los profesores». En la introducción, tras pasar revista a diversa información relevante sobre imágenes mentales, le ofrecemos varias sugerencias prácticas para comenzar a usar imágenes mentales en su clase. La parte principal del libro comprende cinco secciones:

La sección 1, *Aprender a visualizar*, le proporcionará sugerencias para empezar a trabajar con las imágenes y para ayudar a los estudiantes que tienen dificultades para visualizar a hacerlo mejor.

INTRODUCCIÓN

La sección 2, *Centrarnos en la lengua*, focaliza en aspectos específicos de la lengua o del proceso de su aprendizaje.

En la sección 3, *Vamos a contar historias*, exploraremos cómo pueden utilizarse en clase imágenes e historias.

Las actividades de la sección 4, *Imágenes del tiempo y del espacio*, giran en torno a estos dos conceptos.

La sección 5, *Mirar hacia dentro*, pone el énfasis en los propios estudiantes.

El CD-ROM proporciona una amplia variedad de materiales que pueden utilizarse con las actividades propuestas, entre ellas, música original, ilustraciones, fotos, hojas de ejercicios y guiones grabados para guiar la producción de imágenes.

LAS IMÁGENES MENTALES Y LA COGNICIÓN

El neurólogo Antonio Damasio señala precisamente que lo que denominamos «mente» está constituido por imágenes. Dice que, como organismos complejos, los seres humanos «generan respuestas internas, algunas de las cuales constituyen imágenes (visuales, auditivas, somatosensoriales, etcétera) que yo sostengo que son la base de la mente». Sigue afirmando que una condición necesaria para la mente es «la capacidad para desplegar imágenes internamente y para ordenar esas imágenes en el proceso denominado pensamiento» (Damasio 1994:89-90). Por tanto, las imágenes mentales juegan un papel importante en nuestra personalidad y en la manera en que usamos eficazmente nuestro cerebro. No puede sorprendernos que constituyan un área importante en la investigación neurocientífica.

La relación entre cognición e imágenes mentales no es un descubrimiento reciente. Filósofos como Platón o William James y otros hasta nuestros días han subrayado la importancia de las imágenes mentales en nuestros procesos de pensamiento. Kosslyn, director del laboratorio de imágenes de la Universidad de Harvard, afirma que «un repaso exhaustivo de la historia de las imágenes no sería otra cosa que la historia de la mayor parte de la Psicología» (Kosslyn 1980:438). El interés científico se ha visto acentuado a partir de la investigación neurocientífica, donde las imágenes son «uno de los primeros dominios cognitivos que están firmemente enraizados en el cerebro» (Kosslyn *et al.* 1995:1336).

Aristóteles afirmaba que es imposible pensar sin recurrir a una imagen mental, y hoy sabemos que la cognición de los estudiantes se refuerza con el empleo de imágenes mentales en el aula. Tal como indica la investigación, nuestra capacidad para generar significados a partir del lenguaje oral o escrito depende en gran medida de las imágenes que hayan podido formarse. La comprensión lingüística, por consiguiente, no solo dependerá de una buena

INTRODUCCIÓN

descodificación de los estudiantes o de sus conocimientos léxicos, sino también de su capacidad para crear y utilizar imágenes mentales que les capacitarán, en primer lugar, para entender mejor los textos en lengua extranjera y, luego, para recordar más información de estos textos. Cada individuo, no obstante, difiere en su capacidad para formar imágenes mentales, de modo que nosotros podemos contribuir a un buen aprendizaje de lenguas extranjeras si ayudamos a los alumnos a utilizar de manera más eficaz su capacidad de crear imágenes. Se ha demostrado que los que pueden generar muchas imágenes llevan mejor a cabo las tareas memorísticas. Sin embargo, lo que nos resulta especialmente interesante es que podemos enseñar a aquellos alumnos que generan pocas imágenes a desarrollar sus facultades para generarlas, de tal forma que cuando lo hagan, mejorarán los resultados de estas tareas. De hecho, terminarán alcanzando resultados similares a los de los otros alumnos.

Un factor que debilita drásticamente la eficacia cognitiva es la falta de atención. Muchos de los alumnos que tenemos hoy han crecido sometidos a una dieta continua, y poco saludable, de extrema exposición a lo visual, generada externamente a partir de videojuegos, ordenadores y horas y más horas de televisión. A esto se añade una tendencia cada vez mayor a la exposición simultánea a los medios. Esto puede causar serios problemas de atención, que en muchos casos se combaten básicamente aplicando medicamentos muy fuertes a los alumnos afectados. Aunque los hábitos desarrollados para enfrentarse a este bombardeo de estímulos pueden preparar a los jóvenes para actividades parecidas cuando obtienen un puesto de trabajo, Wallis (2006) señala que los cognitivistas están alarmados por las tendencias actuales, ya que las investigaciones efectuadas señalan cómo «la producción de una persona y la profundidad de su pensamiento se van deteriorando cuando esta tiene que atender cada vez más tareas». Sucede a menudo que los estudiantes se sienten incluso incómodos si hay pausas en esta constante estimulación. El cerebro, no obstante, necesita tiempo para consolidar la información recibida por los sentidos. El trabajo con imágenes en el aula puede utilizarse, primero, para conectar con alumnos que se han acostumbrado a esta alta exposición visual externa y, después, para darles una oportunidad de aumentar su concentración y lograr así que estén más centrados y piensen con más claridad.

TRABAJAR CON IMÁGENES MENTALES FACILITA LA MEMORIA NECESARIA PARA EL APRENDIZAJE Y USO DE LA LENGUA

Damasio (2000:107) señala que la lengua «es una traducción de otra cosa, una conversión de imágenes no lingüísticas que representan entidades, sucesos, relaciones e inferencias». Puesto que el aprendizaje y uso de la lengua constituye uno de nuestros procesos mentales más significativos, no es sorprendente que las imágenes se encuentren implicadas de diversas maneras. Un aspecto clave es la memoria, y las imágenes nos pueden ayudar a reconstruir

INTRODUCCIÓN

en el presente lo que experimentamos y aprendimos en el pasado. Desde la época clásica, la función mnemónica de las imágenes ha sido reconocida y utilizada extensivamente. Más recientemente, en la segunda parte del siglo xx, numerosos experimentos han demostrado que las personas aprenden y recuerdan mejor el material concreto (relacionado con imágenes) que el abstracto.

La psicología cognitiva proporciona importantes evidencias de la relevancia de las imágenes en el procesamiento del lenguaje. La Teoría del Código Dual de Paivio establece que disponemos de dos sistemas de procesamiento, uno verbal para los elementos lingüísticos y otro no verbal para las imágenes. Como señalan Sadoski y Paivio (2000), estos dos sistemas influyen orgánicamente uno en el otro, tanto en la recepción lingüística como en su recuperación para la producción. Cuando procesamos la información a través de nuestros sentidos, y transformamos esta información sensorial en lenguaje, dependemos en gran medida de nuestro sistema de imágenes. La relación de las palabras con la experiencia y con las respuestas emocionales a esta proporciona significado a las palabras. En nuestras clases, los estudiantes primero entenderán y luego recordarán mejor si establecen relaciones entre todos los elementos implicados: experiencia, emociones, imágenes y lenguaje.

El proceso de aprendizaje de una lengua extranjera será más eficaz si los alumnos crean todas las asociaciones directas que puedan establecer entre la lengua que están aprendiendo y su conocimiento del mundo. Tal como ocurrió en el proceso de aprendizaje de su lengua materna, los estudiantes ingleses que aprenden español, por ejemplo, y que sean capaces de asociar *árbol* con la imagen de un árbol en vez de con la palabra inglesa *tree*, podrán aplicar lo que han aprendido de forma más rápida y más eficiente, porque no tendrán que recurrir al proceso de traducir la palabra desde la lengua materna cuando se enfrenten a una situación donde tengan que usarla.

INTRODUCCIÓN

Paivio (1986:352-3) resume así la relación entre la Teoría del Código Dual y el aprendizaje de una segunda lengua:

«Es especialmente decisivo aprender la segunda lengua (L2) poniéndola en relación directa con referentes no verbales apropiados, porque estos referentes (objetos, sucesos, comportamientos, emociones), representados cognitivamente, constituyen el conocimiento del mundo que la L2 debe despertar si quiere utilizarse de forma significativa. Cuanto más ricas y directas sean las conexiones referenciales, más eficaz será el uso de la L2».

TRABAJAR CON IMÁGENES MENTALES FACILITA LA COMPRENSIÓN AUDITIVA Y LECTORA

La importancia de la comprensión lectora y auditiva para el aprendizaje de la lengua es sobradamente conocida hoy. Por medio de la exposición a la lengua en forma de *input* comprensible, los estudiantes son capaces de internalizar los elementos lingüísticos y, con el tiempo y alcanzando niveles diferentes, de adquirirlos. Este es el proceso que permite a los seres humanos adquirir su primera lengua, y tiene un gran significado para todos los que nos dedicamos a la enseñanza de lenguas. En relación con el aprendizaje de la primera lengua, Zimmerman y Keene (1997) describen cómo los buenos lectores crean de forma natural imágenes mentales a partir de sus conocimientos previos, por medio de los cinco sentidos y también de sus emociones, tanto mientras leen como después de haberlo hecho. Cuando aprenden una segunda lengua, la visualización es también un procedimiento utilizado por los buenos lectores.

Los estudios neurocientíficos también tienen claras implicaciones para la clase de lengua extranjera, puesto que indican que las imágenes juegan un papel decisivo en la comprensión lingüística. Kosslyn *et al.* (1995:1340) subrayan que nuestras capacidades para crear imágenes y palabras «funcionan juntas de muchas maneras... las imágenes nos pueden ayudar a aprender informaciones nuevas, incluyendo las verbales, a comprender las descripciones lingüísticas». Existen numerosas investigaciones sobre el modo en que las imágenes mentales mejoran la comprensión y la memoria, tanto en L1 como en L2. Esta influencia puede explicarse en gran medida porque el material lingüístico se procesa con más profundidad por medio del uso de imágenes, y también porque queda almacenado de modo más permanente. De hecho, podríamos decir que las imágenes son esenciales para que podamos extraer significado del lenguaje. Las imágenes nos ayudan a construir el significado a partir de los textos, y se ha llegado a decir que «aquellos que no son capaces de imaginar no pueden leer» (Eisner 1992:125).

La Teoría de la Recepción confirma lo que muchos profesores ya han observado: la lectura es una experiencia creada por los lectores. Si los estudiantes son agentes pasivos, es que no están leyendo de verdad. Su participación

INTRODUCCIÓN

activa puede fomentarse por medio del uso de imágenes mentales. Estimular las imágenes que ya estén en sus mentes antes de la lectura puede ayudar a que los estudiantes aumenten tanto el placer por la lectura como la comprensión de textos nuevos, especialmente los de tipo narrativo. En otras palabras, cuando nuestros alumnos lean o escuchen una historia en español, comprenderán mejor su sentido si durante el proceso de lectura o de audición son capaces de construir mentalmente una representación completa de dicha historia. Este proceso funciona mejor cuando incluye la creación de un «espacio para la historia» (el lugar donde sucede) con imágenes visuales de las personas y objetos que aparecen en ella o con representaciones auditivas de las voces de las personas, sonidos ambientales, etcétera. A menudo, el lector también se «moverá» en ese espacio, experimentará sensaciones corporales imaginadas (por ejemplo, cuando en el texto salga alguien que corre bajo la lluvia) o incluso imaginará el olor o el sabor de las cosas sugeridas por las representaciones mentales.

TRABAJAR CON IMÁGENES MENTALES PROPORCIONA RICOS ESTÍMULOS PARA HABLAR Y ESCRIBIR

Una queja frecuente de los alumnos es que no tienen nada que decir cuando hablan o escriben en lengua extranjera. Uno de los aspectos más importantes del trabajo con imágenes en la clase de español es que conduce de forma natural a la producción de textos. Puede contribuir a la producción de textos orales más fluidos por parte de estudiantes de todas las edades si estos se centran en el significado (véanse las actividades 15 y 73). Cuando enseñamos a escribir, si solo decimos a nuestros estudiantes que escriban una historia o que describan alguna cosa, el típico «miedo a la página en blanco» puede llegar a dominarlos y hacer que produzcan muy poco. Sin embargo, si logramos estimular distintas imágenes sensoriales en sus mentes antes de que tengan que ponerse a escribir, los resultados serán inevitablemente más ricos (véanse las actividades 45 y 66). Trabajar con imágenes puede aumentar la fluidez tanto en la producción oral como en la escrita, porque si los alumnos tienen una cosa en la mente que quieren decir, quedan liberados de la necesidad de encontrar un mensaje que transmitir, y pueden centrarse en encontrar la forma de expresarla. Las actividades con imágenes mentales proporcionan a los alumnos una sensación mayor de control de la situación, porque lo que van a producir en la lengua extranjera ha sido estimulado no solo por una fuente verbal externa, que quizá no puedan comprender del todo, sino también por sus imágenes interiores, de diversos tipos sensoriales.

Al describir su labor como profesora de escritura, Susan McLeod menciona la importancia de la visualización, que parece ser parte de la intuición, una de las fuentes de la creatividad. Describe cómo, después de utilizar una visualización guiada con una clase para el ejercicio final, Rod, que no estaba dotado

INTRODUCCIÓN

para la escritura, se puso a escribir con gran intensidad: aquel ejercicio fue el mejor de los que hizo aquel año y, a diferencia de los anteriores, necesitó muy poca revisión. Después de entregarlo, Rod comentó que «sabía» cómo tenía que hacer el ejercicio desde el comienzo: le «había salido» de forma natural (McLeod 1997:88). La escritura de calidad depende en gran medida de que tengas algo que escribir, y trabajar con imágenes proporciona a los estudiantes contenidos ricos y significativos.

TRABAJAR CON IMÁGENES AUMENTA LA MOTIVACIÓN DE LOS ESTUDIANTES Y REFUERZA EL CONCEPTO QUE TIENEN DE SÍ MISMOS

La eficacia de la enseñanza, en cualquier contexto académico, depende en gran medida de la motivación de los estudiantes y es, sin duda, esencial para el aprendizaje de una lengua. Trabajar con imágenes en la clase de español puede aumentar el interés de los alumnos y conseguir que mantengan una relación más activa y participativa con los materiales que se manejan (Tomlinson y Ávila 2007, a y b). Por ejemplo, gran parte del placer que el lector extrae de los textos narrativos procede de las imágenes mentales que, de modo natural, se forman en nuestra mente durante el proceso de lectura, creando una realidad emocional y sensorial más amplia. Los estudiantes que leen textos en una lengua extranjera pueden ser estimulados para que vean imágenes, tal como hacen cuando leen en su lengua materna. También, cuando trabajamos con textos, podemos seleccionar preferentemente preguntas con respuestas abiertas, en las que las imágenes mentales de los estudiantes constituyen un resorte para que se impliquen más en lo que están haciendo.

Un componente destacado de la motivación es el significado personal. Dörnyei (2001:63) señala que «uno de los factores más desmotivadores para los estudiantes se produce cuando se les obliga a aprender una cosa cuya pertinencia no ven por ningún sitio porque no tiene ninguna relación aparente con sus vidas». Sin embargo, las imágenes siempre guardan relación con el significado personal, pues surgen de nuestro interior cuando leemos o escuchamos. A menudo, cuando leemos una novela y luego vemos una película basada en ella, esta nos decepciona, en parte, porque cuando leemos creamos nuestras propias imágenes, que son para nosotros más profundas y ricas. En el aula, trabajar con imágenes convierte a nuestros estudiantes en protagonistas de su proceso de aprendizaje. Por ejemplo, para acercar los textos de clase a los alumnos, Dörnyei (2001:64) sugiere que los pongamos a «imaginar cómo un tema concreto del libro de texto puede transferirse a lugares y situaciones relacionados con sus propias experiencias vitales».

En sus investigaciones sobre qué aspectos de la psicología inciden en el aprendizaje de lenguas, Williams y Burden (1997:206) subrayan la importancia que

INTRODUCCIÓN

tiene el concepto que los estudiantes tienen de sí mismos: «El concepto que cada individuo tiene de sí mismo ejercerá una influencia considerable en el modo en que él o ella aprende». Los estudiantes con bajos conceptos de sí mismos en relación con la L2, que piensan: «yo no puedo aprender español», necesitan ayuda para desactivar esta idea negativa, que está limitando sus capacidades reales. Si nosotros, los profesores, les decimos simplemente: «Claro que puedes aprender español», esta frase les entrará por un oído y les saldrá por el otro. Sin embargo, si de verdad queremos ayudarlos a reforzar el concepto de sí mismos, probablemente sea más eficaz hacer que experimenten el éxito en imágenes internas mediante una actividad de visualización en la que se «vean» y se «sientan» a sí mismos resolviendo problemas de aprendizaje y hablando español correctamente, especialmente si las actividades de esta naturaleza se realizan más de una vez. Brown (1991:86) sugiere que los estudiantes prueben lo que él denomina juego de visualización: «Visualízate a ti mismo hablando la lengua con fluidez y relacionándote con otras personas. Luego, cuando te encuentres de verdad en esa situación, de alguna manera ya "habrás estado allí" antes».

De modo similar, Dörnyei (2005), cuando describe la motivación y la automotivación, presenta el concepto del *yo ideal*. Señala que, si en la visión ideal que tienes de ti mismo uno de los componentes es saber la L2, esto puede ser un fuerte elemento motivador. Yashima, Zenuk-Nishide y Shimizu (2004:143), que retoman este concepto y escriben sobre la «voluntad de comunicarse» (*Willingness to Communicate*), lanzan una interesante pregunta retórica: «¿Sería posible formular la hipótesis de que los estudiantes que logran visualizarse claramente a sí mismos como "potenciales" o "ideales" estudiantes de español tienen más probabilidades de esforzarse para mejorar su competencia, desarrollar su voluntad de comunicarse e interaccionar con otras personas?». De este modo, en nuestras clases debemos asegurarnos de que saber español parece atractivo y posible a nuestros alumnos, pues así estaremos contribuyendo a que construyan una imagen futura de sí mismos como usuarios competentes de la lengua (véase la actividad 67).

El concepto de uno mismo está relacionado con el proceso de establecimiento de objetivos. Estimular a los alumnos a establecer objetivos en el aprendizaje del español que se encuentren a su alcance, a elaborar planes para alcanzar estos objetivos y, finalmente, a crear una imagen de sí mismos en la que los alcanzan puede convertirse en una poderosa fuente de energía para el aprendizaje. En cierto modo, nuestras imágenes pueden conducirnos a donde queremos ir.

Sobre los autores

JANE ARNOLD

Como docente influida por la visión humanística de la enseñanza y el aprendizaje, me considero responsable de contribuir a desarrollar todo el potencial de mis alumnos; por eso, hace tiempo me interesé por el trabajo con imágenes como procedimiento para lograrlo. En la Universidad de Sevilla, he participado en proyectos de investigación sobre el uso de imágenes mentales como herramienta útil para el proceso de aprendizaje de lenguas. En uno de ellos (Arnold 2000), nos propusimos explorar el uso de técnicas de relajación y visualización para combatir la ansiedad en los exámenes de comprensión oral en clases de lengua extranjera, ya que los alumnos se quejaban continuamente de que los resultados que alcanzaban no eran los que deberían obtener, porque el examen los ponía nerviosos. La investigación se centró en dos grupos de estudiantes que habían experimentado ansiedad y que se prestaron voluntariamente a tratar de resolver el problema. Durante un período de seis meses, a los dos grupos se les administró un preexamen, seis exámenes de práctica y un postexamen. Sin embargo, antes de cada examen de práctica, al grupo experimental se le ofreció una actividad de preaudición que tenía dos partes: un ejercicio inicial de relajación y luego, una vez conseguida la relajación, una segunda parte diseñada para promover cambios actitudinales mediante visualizaciones. Se utilizaron diversas actividades de este tipo para ayudar a los alumnos a que aprendieran a buscar recursos internos, o tener más seguridad, desarrollando una actitud más positiva hacia sí mismos y hacia su capacidad para entender la lengua hablada.

En esta investigación, el grupo experimental obtuvo mejores resultados en los exámenes de práctica que el grupo de control. Los comentarios de los estudiantes del grupo experimental, recogidos en un cuestionario final, señalaban que habían experimentado niveles de ansiedad mucho más bajos: «He aprendido a entender el texto completo. Solo puedo hacerlo si estoy relajado. Ahora tengo tiempo para pensar…». «Creo que estar tranquilo es muy importante porque los textos son accesibles en lo que se refiere al vocabulario y a lo demás; lo único que tenemos que hacer es reconocer lo que ya sabemos». «He probado a hacer estos ejercicios en casa. Son útiles para cualquier situación». «¿Entiendo ahora los textos mejor que antes? ¡Pues claro!».

Un alumno respondió así en una entrevista celebrada tras el experimento:

SOBRE LOS AUTORES

«En vez de oír palabras e intentar traducirlas y memorizarlas como antes, empecé a ver el texto en imágenes, como si estuviera viendo una película o como cuando un niño escucha una historia. En aquel momento no lo sabía, pero las imágenes me permitieron confiar en mi capacidad para escuchar mejor». (Nuria)

En un examen diferente, recuerdo el caso de José, que era incapaz de pasar el examen oral requerido para aprobar el segundo curso en la Universidad. Lo había intentado tres veces con el mismo resultado: suspenso. Finalmente, le tocó un tema de examen que le apasionaba, para el que disponía de un rico banco de imágenes mentales. Esta vez, su examen estuvo muy por encima del nivel necesario para aprobar porque, aunque sus habilidades lingüísticas no habían variado de modo significativo, había sido capaz de utilizarlas más eficazmente.

En otros aspectos del contexto educativo, nunca ha dejado de sorprenderme el aumento de la creatividad y la productividad que tiene lugar cuando se utilizan actividades con imágenes.

HERBERT PUCHTA

Se me ocurrió por primera vez usar la visualización por pura casualidad, mientras daba una clase de inglés como lengua extranjera a niños de once años. En el libro de texto que utilizaba, había un ejercicio para practicar diálogos basado en un cuadro que mostraba las temperaturas de varias ciudades en los últimos diez años, o algo así. Los alumnos debían trabajar en parejas: uno hacía preguntas como: *¿Qué tiempo hacía en Moscú el 16 de julio de 1987?* y el otro contestaba consultando el cuadro de temperaturas.

La actividad iba bien, pero yo sentía que los estudiantes no estaban realmente interesados en lo que estaban haciendo, y yo tampoco. Observándolos, noté que estaban haciendo mecánicamente lo que yo les había dicho, pero sin embargo parecían encontrarse muy lejos. ¿Dónde están? ¡SOÑANDO DESPIERTOS! ¿Y por qué no explotar lo que les está pasando por la cabeza? Lo que hice fue abandonar el ejercicio del libro de texto, que no estaba para nada relacionado con la realidad de los alumnos, y profundizar en sus fantasías.

Dije a mis alumnos que pusieran los brazos sobre la mesa, que descansaran la cabeza sobre ellos y que cerraran los ojos si les apetecía. Me miraron sorprendidos. *¿De verdad?... Sí. Relajaos. Vamos a hacer un descanso.* Esperé un poco y luego les dije en tono suave:

Mientras descansas con los ojos cerrados, escucha todo lo que puedas oír... el ruido de los coches que pasan... el canto de los pájaros en el árbol que está junto a la ventana... y todo lo que puedas oír dentro de la clase... relájate y siéntete bien... quizá incluso puedas oír el sonido de tu propia respiración... hacia dentro y hacia

SOBRE LOS AUTORES

fuera… y quizá quieras venir conmigo… de vacaciones… son tus propias vacaciones… de modo que no sé dónde estás… quizá en un país muy cálido, en la playa… o en medio de montañas muy altas… yo no sé dónde estás de vacaciones en este momento… quizá en tu habitación del hotel, o en una tienda de campaña, o quizá en algún lugar al aire libre… y no tengo ni idea de cómo es el tiempo… bueno, ahora estás mirando al cielo… quizá puedas sentir la temperatura en tu piel… No sé si hace viento… Voy a darte un poco de tiempo para que disfrutes por completo de tus vacaciones… ahora… (silencio durante medio minuto)… ahora me gustaría que volvieras de nuevo a la clase… muy lentamente… abre los ojos otra vez.

Uno tras otro, los alumnos fueron abriendo los ojos. Sus caras mostraban claramente que habían disfrutado de aquella pequeña fantasía. Ahora me tocaba a mí transformar el agradable «cambio», que fue como luego llamaron los alumnos a la fantasía cuando hablamos de ella, en una actividad lingüística adecuada al nivel que tenían. Escribí las siguientes frases en la pizarra:

En mi fantasía, yo estaba en/por/sobre… Conmigo estaba/estaban… El tiempo era… La temperatura era de… Lo que me gustaba era…

Cinco minutos más tarde, tras haber explicado las palabras de la pizarra a mis alumnos y decirles cómo podían utilizar las frases para hablar de sus fantasías, estaban todos contándome a mí y al resto de la clase cosas sobre sus «vacaciones».

E1: *He estado en África.*

HP: *¿En África? Cuéntame cosas.*

E1: *El tiempo era estupendo. Hacía mucho calor. La temperatura estaba por encima de los 50 grados centígrados. Y yo iba a nadar todos los días.*

HP: *¿Estabas solo?*

E1: *No, estaba con mis padres y con un amigo. Él y yo teníamos una tabla de surf y nosotros…*

HP: *¿Te deslizabas con ella?*

E1: *Sí, nos deslizábamos todos los días…*

MARIO RINVOLUCRI

En los años setenta, me prestaron un libro de Gertrude Moskowitz, *Caring and Sharing in the Foreign Language Classroom,* Moskowitz defendía el uso de técnicas de relajación y daba con sus alumnos paseos imaginarios por bosques, subía montañas y bajaba a la playa. Yo me sorprendí mucho: los libros de texto que yo utilizaba en aquellos días no ofrecían a mis estudiantes nada más que oír diálogos «útiles» y «realistas» que tenían lugar en restaurantes, anuncios de llegada y salida de trenes en estaciones y cosas por el estilo.

SOBRE LOS AUTORES

Viéndolos en retrospectiva, vi que mis alumnos tenían que oír voces con las que no podían comunicarse en absoluto, y a menudo, diálogos y fragmentos en prosa mal escritos.

Pero lo que Moskowitz proponía era que los estudiantes crearan sus propias escenas mentales a partir de unas pocas palabras bien elegidas y dichas por el profesor, con quien sí podían comunicarse.

Probé algunas de las visualizaciones guiadas que proponía y me sorprendió oír el tono tan poderoso y personal con que mis alumnos reaccionaban a mis palabras. Yo estaba encantado, pero a finales de los setenta aún no me sentía preparado para aceptar que liberar por completo la creatividad lingüística de los estudiantes era una de las maneras más rápidas, eficaces y agradables de lograr que absorbieran y utilizaran la nueva lengua.

Durante los últimos veinticinco años, he aprendido mucho de dos profesores excelentes: John Morgan, con quien escribí *Once upon a Time*, y Bernard Dufeu, autor de *Teaching Myself*. La forma de contar historias que empleaba John poseía las cualidades fascinantes que tiene el trabajar bien con imágenes guiadas: utilizaba pocas palabras, pero bien elegidas, empleaba los silencios de forma genial, y su voz parecía meterse dentro de ti sin que pudieras explicarte cómo lo hacía. El método para enseñar de Bernard, la *Psychodramaturgie Linguistique*, se basa en la relajación, la relación profesor-alumno, la confianza mutua y el despertar de la imaginación de los estudiantes. De este modo, poco a poco me he ido dando cuenta del poder y la utilidad de trabajar con imágenes guiadas, que es lo que se propone en las páginas de este libro. Espero que usted y sus alumnos extraigan de él no solo aprendizaje significativo sino también un placer extraordinario.

Cómo aprovechar al máximo el trabajo con imágenes

> La imagen es el gran instrumento de la enseñanza: lo que los niños extraen de toda asignatura a la que se les expone es simplemente el conjunto de imágenes que ellos mismos construyen en relación a ella.
>
> John Dewey, *My Pedagogic Creed*, 1897

Hay unos cuantos aspectos preliminares que quizá debería considerar antes de comenzar a trabajar con imágenes en su clase.

En primer lugar, crear un ambiente relajado en el que los alumnos se centren puede aportar muchos beneficios a la clase. (Para darles la posibilidad de disfrutar un momento de silencio cuando empieza la clase, consulte en la página 28 **Cómo ayudar a los alumnos a «llegar» al «aquí y ahora» de la clase de lengua extranjera**).

Respecto a si es conveniente mantener los ojos abiertos o cerrados; aunque cuando se trabaja con imágenes es generalmente más eficaz cerrar los ojos, como los estudiantes, por lo general, no están acostumbrados a hacer esto en clase, es mejor no insistir demasiado al principio. Lo que sí podemos hacer, por lo menos, es pedirles que bajen la mirada para poder concentrarse mejor, y luego proponerles que cierren los ojos para ver mejor las imágenes.

Finalmente, las actividades de visualización funcionan mejor si se van presentando de modo gradual a adolescentes y adultos. Los niños pequeños tienen una rica imaginación pero, desafortunadamente, la escuela tiende a arrinconar las imágenes para hacer sitio a palabras y números, pues a los alumnos se les presiona para que obtengan buenos resultados en los exámenes que miden destrezas matemáticas y verbales. Sin embargo, tal como Howard Gardner (1993) ha demostrado, el éxito en la vida depende de muchas inteligencias distintas, todas las cuales constituyen un apoyo para el aprendizaje de una segunda lengua (véase Puchta y Rinvolucri, 2011, para ver cómo se utiliza la *Teoría de las inteligencias múltiples* en la enseñanza del español como lengua extranjera). Una de las inteligencias que Gardner describe es la espacial, o visual/espacial, como se denomina a veces. Implica «las capacidades para percibir el mundo visual de modo adecuado, para llevar a cabo transformaciones y modificaciones en las percepciones iniciales que tenemos, y para poder recrear la experiencia visual incluso cuando faltan estímulos físicos relevantes» (Gardner 1993:173). En otras palabras, para visualizar. En detrimento de la imaginación y de la creatividad, no se estimula en el aula esta capacidad, tan útil por muchas razones, y por eso los estudiantes no están acostumbrados a trabajar empleando sus facultades imaginativas. Sin embargo, podemos intentar reintroducir las imágenes en actividades que sean fácilmente aceptadas. (Véanse las sugerencias en los siguientes apartados y en la sección 1, para encontrar actividades que desarrollan la capacidad de los alumnos para visualizar mejor).

LAS IMÁGENES EN EL APRENDIZAJE DE LENGUAS – USOS DIVERSOS

Trabajar con imágenes es relevante en todas las áreas del aprendizaje de lenguas. La práctica auditiva mejorará si usted lleva a cabo ejercicios de visualización, y muchas de las actividades que se proponen aquí integran las distintas destrezas. Para el aprendizaje del vocabulario, podemos enseñar a los estudiantes la que, según ha demostrado la investigación, es una de las estrategias más eficaces: asociar palabras e imágenes. Muchos estudios han demostrado que las palabras concretas son casi siempre más fáciles de aprender porque pueden asociarse con una imagen.

La ortografía es un asunto difícil para algunos estudiantes. Para trabajar con palabras que a menudo se escriben de modo incorrecto, Revell y Norman (1997:41) sugieren lo siguiente: «escriba una palabra en la parte alta de la pizarra o en un papel que mostrará de forma que los alumnos tengan que alzar la vista; dígales que pestañeen como si estuvieran tomando una fotografía mental y que luego, con los ojos cerrados, vean la *fotografía* de la palabra en su cabeza y la escriban de memoria. Para comprobar si la saben, pueden tratar de recordarla y deletrearla empezando por el final».

En la gramática, las imágenes nos pueden ayudar a «acostumbrarnos» al uso de los tiempos verbales. Escoja una frase muy básica y ponga a los alumnos a imaginarla: *Me estoy comiendo una galleta de chocolate (o un helado, o caramelos, o una manzana).* Luego, modifique los tiempos verbales y haga que sigan imaginando la acción: *He comido, acabo de comer, como, no como, voy a comer, no debería haber comido tanto,* etcétera. Esto confiere a la gramática una realidad que no es posible encontrar en muchos ejercicios típicos de libros de texto.

Para trabajar con la pronunciación, Adrian Underhill (1994) propone trabajar con imágenes acústicas. Diga la frase o palabra que quiera practicar una vez, y luego pida a los alumnos que la oigan internamente tal como usted la pronunció… luego, en su propia voz… luego, susúrrela… y, finalmente, dígala en voz alta. Esto les proporciona la oportunidad de trabajar la lengua extranjera con su oído mental, de hacer una imagen oída de la frase o palabra antes de producirla de forma oral.

CÓMO APROVECHAR AL MÁXIMO EL TRABAJO CON IMÁGENES

Brian Tomlinson (1994) utiliza lo que denomina *respuesta mental total*, un tipo de actividad que a menudo implica movimiento y que proporciona a los estudiantes tiempo para procesar la lengua internamente en imágenes antes de hablar. Para hacerlo, lea un texto donde se describan muchos movimientos en voz alta y haga que la clase los represente como en un teatro. Por ejemplo, la clase entera se concentra de pie a un lado del aula y usted va diciendo lo siguiente, mientras ellos representan lo que usted dice: *Todo el mundo estaba en la playa, algunos estaban nadando, otros estaban cerca del agua, otros jugaban con una pelota, otros comían y bebían. Una mujer joven* (aquí, usted escoge a una alumna que será la que represente las acciones) *agarró una que había encontrado...*, etcétera. Cuando el texto haya acabado, se pide a los alumnos que vuelvan a representarlo mentalmente, y luego usted les va dando los comienzos de frase (*Todo el mundo estaba, algunos estaban, unos niños estaban...*) y los anima a que las completen en voz alta. Un ejemplo de este tipo de ejercicio se encuentra en la actividad 40.

Una actividad de comprensión y producción oral que nunca falla a la hora de implicar a los alumnos es la siguiente. Como si estuviera contando un cuento, diga una cosa parecida a esta:

> *Claudia miraba por la ventana a la calle de abajo. El único sonido que oía era la lluvia que golpeaba la ventana. Una lágrima se deslizó por su mejilla; ella miró el reloj y fue a sentarse al sofá. Suspiró, mientras derramaba otra lágrima. Finalmente, oyó pasos que se acercaban. Se abrió la puerta y entró Antonio...*

Espere un momento y luego comience a hacer preguntas como las siguientes: *¿Cuántos años tenía Claudia? ¿Qué llevaba puesto? ¿De qué color tenía el pelo? ¿Lo llevaba corto o largo? ¿Que había en la habitación? ¿Cuántos años tenía Antonio? ¿Qué ocurrió cuando Antonio llegó?* La primera pregunta puede confundir a los alumnos que estén acostumbrados a repetir las palabras que oyen, y en este caso usted les está pidiendo información que no se encuentra en el texto hablado. Pero cuando descubran que las palabras proceden de la historia que ellos han ido creando en su mente, empezarán a participar de forma activa. A continuación, puede hacerse también un ejercicio escrito en el que los alumnos continúen la historia que empezaron a imaginar. Del mismo modo, varios grupos pueden elaborar juntos historias más elaboradas a partir de sus imágenes mentales. Una de las ventajas de las actividades orales de esta naturaleza es que los estudiantes no tienen por qué temer que sus respuestas sean erróneas. Están hablando de sus imágenes mentales y saben qué es lo que quieren decir.

Cada vez más profesores tienen interés por la enseñanza de lenguas extranjeras basada en valores. Si nosotros, por ejemplo, nos proponemos desarrollar la empatía de nuestros alumnos, esto es, su capacidad para ponerse en el lugar de otros, podemos pedirles que intenten imaginar lo que es ser otra persona, por ejemplo, el protagonista de un texto leído u oído: *¿Qué haces cuando*

CÓMO APROVECHAR AL MÁXIMO EL TRABAJO CON IMÁGENES

te levantas por la mañana? ¿A dónde vas? ¿Cómo es un día para ti? ¿Qué opinas de tu vida? Si los textos se centran en personas o grupos desfavorecidos, pueden contribuir a incrementar la conciencia social de los estudiantes.

Los ejercicios de imágenes guiadas que transportan a los alumnos a distintos lugares y situaciones son útiles en clase de lengua extranjera para muchos propósitos, y también muy divertidos. En estos viajes mentales, los estudiantes pueden viajar a cualquier parte, desde una simple visita a la habitación que tenían cuando eran pequeños hasta viajes más complejos, como un encuentro con una persona sabia (véase la actividad 70). Si el nivel de los estudiantes lo permite, estas actividades deberían hacerse en la lengua extranjera. Sin embargo, con alumnos de menor nivel se pueden hacer la visualización primero en su lengua materna, y luego hacer otras actividades en la L2 con las imágenes que hayan sido producidas. Tomlinson y Ávila (2007a) señalan que los estudiantes generalmente carecen de una representación del mundo rica y multidimensional en la L2, y opinan que debería permitirse cierto uso de la L1 con el objetivo de generar ideas interesantes que puedan usar para hablar o escribir en la lengua que están aprendiendo.

CÓMO AYUDAR A LOS ALUMNOS A «LLEGAR» AL «AQUÍ Y AHORA» DE LA CLASE DE LENGUA

Casi nunca nos percatamos de todo el bagaje extra que nuestros estudiantes aportan a la clase: problemas en casa, preocupaciones por el futuro, inseguridad causada por baja autoestima y un largo etcétera. Incluso si enseñamos una lección que ha sido excelentemente planificada y nosotros además poseemos grandes dotes para la enseñanza, el alumno o alumna que acabe de pelearse con un amigo no va a encontrarse en el estado más adecuado para aprender. Esta situación puede cambiar notablemente si utilizamos una combinación de actividades de relajación e imágenes para ayudarles a «meterse totalmente» en la clase, antes de que empecemos a enseñar lo que nos hemos propuesto. También, podemos utilizarlo después de una fase muy activa de la clase, cuando queramos cambiar el tono. Al ayudar a los estudiantes a relajarse y a desviar su atención lentamente desde el mundo exterior hacia sus percepciones internas, contribuiremos a que se tranquilicen y se centren. Después de actividades que los cansen, o de otras que no los atraigan, el trabajo con imágenes puede ayudarles también a recuperar la energía perdida y la atención. Aunque los ejercicios con imágenes se proyectan hacia el interior de las personas, muchos llevan además a trabajar de modo interactivo y tienen un efecto muy positivo en la dinámica de grupos (véanse las actividades 50 y 75).

Se presenta a continuación una selección de actividades breves que pueden hacerse por separado para acostumbrar a los estudiantes a adoptar un estado

CÓMO APROVECHAR AL MÁXIMO EL TRABAJO CON IMÁGENES

mental más receptivo para el aprendizaje y a ver algunas imágenes simples en sus mentes. Dígales que se sienten cómodamente. Pueden cerrar los ojos si quieren. Luego, pídales que hagan una de las siguientes actividades. Si los alumnos tienen un nivel muy básico, pueden hacerse en L1. Sin alzar la voz, deles una de las siguientes instrucciones:

- *Piensa en un sitio que sea tranquilo y agradable. Recuerda al detalle cómo es... los sonidos que se oyen allí... Contémplate a ti mismo allí... ¿Qué estás haciendo?... ¿Hay alguien contigo?... ¿Cómo te sientes?*

- *Piensa en una palabra española que realmente te guste... Juega con la palabra en tu cabeza... Oye cómo suena... Contémplala escrita en la pizarra, en tu cuaderno o en cualquier otro sitio. Imagínatela escrita en letras de oro, ponla más grande o más pequeña... Contempla imágenes suyas o relacionadas con ella...*

- *Recuerda un día en que te sentías especialmente feliz. Tienes un minuto para revivirlo con todos los detalles que puedas.*

(Ponga música tranquila y relajante; selecciónela en el CD).

- *Escucha la música y deja que las imágenes entren libremente en tu cabeza mientras la oyes.*

- *Vas a pensar en español durante un minuto. Intenta pensar solo en español. Piensa en palabras, en frases. No hace falta que pienses en frases completas. Tal vez en palabras que nombran cosas que hay en esta habitación. Tal vez en palabras que hayas aprendido recientemente. Tal vez en otras de categorías distintas, como animales, colores o prendas de vestir. Puedes repetir alguna si quieres. Intenta usar únicamente el español durante un minuto.*

- *Voy a decirte cuándo empieza y termina un minuto, y me gustaría que contaras cuántas veces respiras en ese minuto. (Un minuto). Ahora voy a hacerlo de nuevo, pero esta vez intenta respirar un poco más lentamente, de modo que respires una vez menos que antes.*

CÓMO APROVECHAR AL MÁXIMO EL TRABAJO CON IMÁGENES

- *Siéntate y pon los brazos en tu regazo. Voy a decir «Empieza» y vas a intentar adivinar cuándo ha pasado un minuto. No se permiten relojes. Cuando pienses que el minuto ha terminado, pon la mano sobre la mesa. (Obsérvelos y, después de unos 70 segundos, diga a la clase quién ha calculado exactamente el minuto. Si quieren probar otra vez, repita el ejercicio).*
- *Imagina un pájaro. ¿De qué color es? ¿Dónde está? Pon el pájaro en una roca… detrás de la roca… en un árbol… Mira cómo vuela por el cielo… ¿Hacia dónde vuela ahora? Contempla una escena de una película que te guste, una que recuerdes bien… ¿Quiénes son los personajes? ¿Qué ha sucedido antes de esta escena? Contémplala durante unos momentos.*

Si quiere, estas actividades pueden ir seguidas de un comentario en clase. Los alumnos, en parejas, pueden contarse uno a otro lo que han imaginado o experimentado durante unos minutos. Si acostumbra a utilizar ejercicios como este para empezar sus clases, los alumnos pueden reservar una página especial de sus cuadernos para escribir comentarios breves sobre cada una de las actividades cuando las terminen.

Este diario recopilatorio puede escribirse en L1 y es mejor no incluirlo dentro de los elementos sujetos a evaluación. Los tres o cuatro minutos en total que emplearemos pueden transformar un ambiente caótico en un espacio para el trabajo productivo.

PARA EMPEZAR CON LA VISUALIZACIÓN

Tanto la experiencia del aula como la investigación señalan que los estudiantes que son capaces de pensar visualmente a menudo son los que obtienen mejores resultados académicos. El motivo principal es que, en las situaciones de examen, los estudiantes de tipo visual tienden a recordar información con más precisión y son capaces de recuperar datos almacenados en la mente con más rapidez que los de tipo cinestésico o auditivo. Por consiguiente, sin ser más inteligentes que los estudiantes de tipo auditivo o cinestésico, los de tipo visual fuerte obtienen por lo general mejores resultados. Michael Grinder (comunicación personal) utiliza la metáfora siguiente para explicar por qué ocurre esto.

Estudiante de tipo visual    Estudiante de tipo auditivo 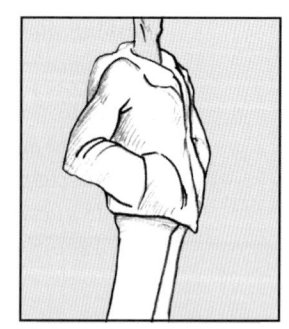   Estudiante de tipo cinestésico

CÓMO APROVECHAR AL MÁXIMO EL TRABAJO CON IMÁGENES

Según Grinder, los estudiantes muy visuales tienen «una cámara en lugar de cabeza», lo que significa que son buenos «tomando fotos de lo que ven» y almacenando información en su «ojo mental». Estos alumnos podrán recuperar información de modo muy preciso y rápido cuando la necesiten.

Los estudiantes muy auditivos, sin embargo, tienden a recordar «lo que han grabado» (es decir, lo que han almacenado en su grabadora interna por medio de la memorización). Cuando tienen que recordar, su mente funciona a menudo de forma similar a cuando avanzamos o retrocedemos para encontrar una cosa concreta en una grabadora: para ellos, es difícil encontrar rápidamente una información específica. Un ejemplo sería el de un alumno muy auditivo que hace una presentación en clase (después de ensayarla a fondo él solo varias veces). Si se le interrumpe (por ejemplo, cuando alguien hace una pregunta), parece estar perdido cuando, tras responder, quiere continuar con la presentación. Necesita volver al comienzo para continuar con su charla.

En cuanto a los estudiantes cinestésicos, «no tienen cabeza en absoluto», lo que no quiere decir que sean menos inteligentes, sino que su canal de entrada principal es el cinestésico o corporal. Necesitan tener experiencias de aprendizaje activas, y lo que mejor recordarán será lo que hayan aprendido por medio del movimiento, el contacto, la interacción, el trabajo en grupo y el juego de rol, mientras que encuentran difícil almacenar y recuperar la información que se les presenta exclusivamente de modo visual o auditivo.

La investigación demuestra que los estudiantes muy cinestésicos, aunque a veces sean extremadamente creativos e inteligentes, a menudo forman parte de los grupos descritos como «difíciles». Por eso, los profesores que saben esto intentan muchas veces enseñar de modo multisensorial, tratando de desarrollar actividades para los tres tipos sensoriales. Esto es especialmente importante puesto que nosotros, los profesores, tendemos, a veces de modo inconsciente, a preferir las técnicas de presentación que se ajustan más a nuestros propios estilos de aprendizaje. En otras palabras, los profesores que son preferentemente visuales tenderán a usar muchos recursos visuales en sus clases: así, todo lo que presenten estará perfectamente hecho, y utilizarán subrayados, códigos de color, dibujos, gráficos, etc. Todo esto será estupendo para los estudiantes visuales que haya en la clase, pero quizá no tan útil para aquellos que tengan dificultades para recordar la información de forma visual.

Además de avanzar en las destrezas en lengua extranjera y ayudar a desarrollar la memoria visual de los alumnos, las actividades de la sección 1 pueden ejercer también un efecto facilitador en la capacidad de los estudiantes para centrar su atención. Estas actividades han sido diseñadas a partir de dos principios fundamentales:

a. El principio de la sinestesia

Para ayudar a los estudiantes muy cinestésicos a desarrollar su capacidad de almacenar información visual en la memoria, sabemos a ciencia cierta que no podemos empezar en el dominio visual-sensitivo, que para ellos es el más débil, sino partir de su capacidad cinestésica y pasar poco a poco al área visual. El principio de la sinestesia es fácil de aplicar. Por ejemplo, si es difícil para un alumno mirar un objeto y recordar luego cómo es, se le puede decir primero que toque el objeto y que sienta su textura (enfoque cinestésico) y, mientras hace esto, decirle que se fije poco a poco en el color, la forma, etc. Luego, cuando el alumno vaya a recordar el color o la forma del objeto, se le puede decir primero que recuerde la sensación de sujetar el objeto con las manos y luego su textura, y mientras hace esto, que intente imaginar el color y la forma.

Nos gustaría señalar en este punto que, si pedimos a los estudiantes no visuales que recuerden *cómo* eran las cosas, a menudo obtendremos respuestas como «no me acuerdo», pero estarán mucho más cómodos cuando el profesor utilice lenguaje cinestésico o sensorialmente neutral, como en el ejemplo anterior, en el que se pedía a los estudiantes que *imaginaran* el color del objeto y no que lo *vieran* con el ojo de la mente.

b. El principio de «facilitar el contenido»

Michael Grinder desaconseja enseñar a la vez un proceso nuevo (por ejemplo, aprender a visualizar) y contenidos nuevos. Subraya así la necesidad de utilizar contenidos ya conocidos cuando enseñamos a los estudiantes muy cinestésicos a aprender a visualizar. Por eso, en actividades como las que se recogen en la sección 1 cuando empezamos a utilizar ejercicios de visualización, es importante que el profesor se asegure de que si los alumnos no conocen los contenidos lingüísticos, ya sean palabras o construcciones, las enseñen primero concienzudamente. Estas actividades son muy adecuadas para el repaso de este tipo de contenidos.

Asimismo, los estudiantes cinestésicos no aprenderán a desarrollar su capacidad para el pensamiento visual solo con una actividad. Los profesores que se dedican a desarrollar la capacidad de visualización de sus estudiantes han señalado que sus habilidades memorísticas mejoran significativamente con el tiempo, y que estas actividades ejercen también un efecto muy positivo en su capacidad para centrar su atención y concentrarse en su trabajo.

APRENDER A VISUALIZAR: CÓMO AYUDAR A LOS ALUMNOS QUE DICEN QUE NO PUEDEN

Normalmente, hay unos cuantos alumnos en todas las clases, y no solo los muy cinestésicos, que dicen «no ver nada» cuando los profesores les piden que cierren los ojos y vean imágenes. Este es un fenómeno interesante, porque cuando se le pide a este tipo de alumno que cierre los ojos e imagine que está abriendo la puerta de su casa con la llave, y luego que imagine el color de la puerta, probablemente al final le dirá el color de la puerta, pero añadirá al mismo tiempo que no tenía una imagen mental o que lo que hizo fue tener una sensación del color.

Como indicaba uno de los lectores de este libro antes de su publicación, parece que el problema de «no ver» es bastante complejo. Estas fueron sus palabras:

«Para mí, el problema lo plantea incluso el uso de la palabra 'ver'. Yo soy sobre todo verbal y auditivo, de modo que me tomo lo de 'ver' literalmente e intento usar los ojos. Pero claro, esto no funciona por mucho que me esfuerce. He explicado muchas veces mis dificultades para visualizar, y cuando lo hago, la reacción más frecuente es: "¡Pues claro, por eso no puedes! ¡Porque te esfuerzas demasiado!"».

Las personas que se esfuerzan por *ver* mentalmente creen muchas veces que la imagen tiene que ser una especie de proyección en la parte interna del párpado e intentan verla desesperadamente, pero eso no conduce a los resultados esperados. Para ver imágenes tienen que estar relajados y esperar a que lleguen, más que intentar producirlas.

La explicación de Michael Grinder es que el cerebro de estas personas trabaja tan rápidamente que ven imágenes por un período muy corto de tiempo y por eso tienen una «intuición» de la imagen en vez de verla. En sus palabras, es tarea del profesor ayudar a que los alumnos «estabilicen su intuición». Otros expertos, como los autores de *The Mind Gym: Wake your Mind Up* (Time Warner Books, 2005, p. 232), argumentan que «algunas personas piensan que son incapaces de visualizar. Esto, por supuesto, es una tontería. Es solo porque suponen que la visualización es más complicada de lo que realmente es. En su forma más simple, la visualización es simplemente imaginar una cosa que no está delante de ti. Requiere algún esfuerzo, más que, por ejemplo, ver una película, que es una experiencia casi totalmente pasiva, pero no es difícil».

Los mismos autores dan también una serie de «reglas» que deben aplicarse (*The Mind Gym*, 2005, pp. 232-233):

1. Evitar las distracciones: intente que sus estudiantes estén tranquilos y centrados. Cerrar los ojos les ayudará a visualizar mejor.
2. Mejorar la respiración. Si los estudiantes respiran mejor, se relajarán y, cuanto más relajados estén, más fácil les será visualizar.
3. Recurrir a todos los sentidos. Aunque la técnica se denomine visualización, implica también el sonido, el tacto, el gusto y el olfato. Cuantos más sentidos se impliquen, más fácil será que los estudiantes imaginen cosas.

CÓMO APROVECHAR AL MÁXIMO EL TRABAJO CON IMÁGENES

4. Tener en cuenta las emociones, especialmente, las positivas.
5. Practicar: como sucede con casi todo, su capacidad de visualización mejorará con el tiempo y con el esfuerzo.
6. Tener paciencia: por regla general, no podemos hacer que la visualización aparezca así como así. Requiere tiempo, y al principio puede parecer un poco difícil y complicado. Diga a sus alumnos que tengan paciencia, y que perseveren.

Para comenzar, quizá le interese probar ejercicios sencillos como los siguientes.

- *Abrid los libros por la página 54* (o cualquier otra página que todavía no hayan visto, preferentemente una con imágenes). Deles solo uno o dos segundos para mirarla, y luego, diga: *Cerrad los libros. ¿Qué había en la página? Intenta verlo en tu mente. Compara lo que recuerdes con tu compañero.*

- Los alumnos leen un texto breve, ya sea un capítulo del libro de texto o una fotocopia. Dígales que cierren el libro o que le den la vuelta a la fotocopia. Haga preguntas como las siguientes, que sean apropiadas para el texto: *Contemplad el texto mentalmente. ¿Dónde estaba el nombre del personaje mencionado por primera vez: al principio, en la mitad o al final del texto? ¿Cuál era la primera palabra del texto? ¿Cuántos párrafos había? ¿Terminaba la primera frase con un signo de interrogación, uno de admiración o un punto? ¿Estaba la ilustración a la derecha o a la izquierda de la página?*

Si lo desea, repita todo el procedimiento con un texto nuevo, para ver si los alumnos han captado esta vez una imagen más clara.

- Explique a sus alumnos que va a darles una frase y pídales que añadan palabras según lo que vean en sus mentes. Diga, o escriba en la pizarra, una frase como la siguiente: *Una chica va por la calle.* Ahora diga: *Ved o imaginad a la chica. ¿Cómo es? Añadid una o dos palabras para describirla. ¿Cómo camina? ¿Cómo es la calle? ¿Adónde va? ¿Por qué va allí?*

- En parejas, los alumnos hacen un dibujo sencillo de un lugar que conocen bien (por ejemplo, la calle donde viven, un lugar de la ciudad, una habitación de la casa, un lugar de vacaciones) o un lugar inventado. El alumno A enseña el dibujo durante 15 segundos al alumno B, que hace una fotografía mental. Sin mirar el dibujo, el alumno B trata de recordarla y se la describe al alumno A. Después, se cambian los roles. Explique a los estudiantes por qué es beneficioso mejorar la capacidad de ver imágenes mentales y dígales que pueden seguir practicando tomando fotografías mentales en cualquier momento. Lo único que tienen que hacer es mirar una cosa, cerrar los ojos un momento e intentar formar una imagen mental de lo que han visto; luego, abrir los ojos para comprobar si lo han visto bien. Cuanto más practiquen, más fácil les resultará hacerlo.

- Diga a sus alumnos con voz tranquila:

CÓMO APROVECHAR AL MÁXIMO EL TRABAJO CON IMÁGENES

Mirad una cortina negra en un teatro…

Observa cómo una brillante mariposa revolotea alrededor de la cortina… Ahora contempla a una niña pequeña que lleva un vestido azul y amarillo… Está saltando y brincando…

Tiene una red para cazar mariposas en la mano. Corre tras la mariposa e intenta capturarla. ¿La caza con la red? Contempla de nuevo la cortina negra. Ahora, un payaso de circo aparece con un traje rojo y verde. ¿Cómo es su pelo?… ¿Y su nariz?… ¿Lleva zapatos grandes o pequeños?… Aparece un niño pequeño que lleva una camisa a rayas azul y blanca. Le estrecha la mano al payaso. El payaso salta porque el niño tiene un timbre en la mano que sobresalta al payaso. (Acaba de llevar a sus estudiantes a una representación mental del Teatro de Luz Negra de Praga. Usted puede inventarse otras escenas imaginativas para sus alumnos que contengan, por ejemplo, personas que vuelan o montan en bicicleta por el cielo. Todo es posible).

Quizá le interese utilizar estas actividades simplemente como práctica auditiva para ayudar a los alumnos a reforzar o desarrollar su capacidad para implicarse en sus imágenes mentales. No obstante, muchas pueden ir seguidas de una actividad interactiva en la que cuenten a un compañero de clase lo que han visto o de otra en la que lo escriban.

En la sección 1 se encuentran más actividades que ayudan a los estudiantes que piensan que no pueden visualizar imágenes.

RESUMEN DE PAUTAS GENERALES PARA TRABAJAR CON IMÁGENES MENTALES EN LA CLASE DE ESPAÑOL

Introduzca actividades con imágenes mentales poco a poco, probando primero algunas opciones breves, descritas en el apartado anterior. Explique a sus estudiantes por qué utiliza un tipo de actividad distinta de la que normalmente ofrecen sus libros de texto; dígales que estas actividades van a ayudarlos a aprender mejor y divertirse al mismo tiempo.

Anímelos a cerrar los ojos. Al principio, esto puede producir alguna resistencia, de modo que podría empezar con una actividad muy rápida. Por ejemplo, si hay una lección sobre medios de transporte, diga, por ejemplo: *Tenéis solo diez segundos. Cerrad los ojos para imaginar un coche y decidme luego de qué color es. Preparados, listos, ¡ya!* (tres segundos). *Abrid los ojos.* Puede adaptar este proceso a muchas situaciones distintas.

Cuando pida opiniones sobre las actividades realizadas o comente alguna con toda la clase, quizá sea una buena idea preguntar primero a estudiantes destacados que sean populares y que se vea que han disfrutado con la actividad. Tim Murphey (1998b) señala que, con frecuencia, modelamos nuestra conducta y nuestras creencias a partir de las de aquellas personas que nos parecen similares a nosotros, de modo que si ciertos estudiantes expresan actitudes positivas hacia alguna de las actividades de clase otros podrían seguir sus pasos.

Practique las instrucciones que vaya a dar durante las visualizaciones. Lo que diga no debe parecer ni dudoso ni incierto. Sin embargo, asegúrese de incluir pausas intencionadas en los momentos apropiados, para dar a los estudiantes tiempo para activar sus imágenes y desarrollarlas. Prepare un guion de lo que va a decir y de cuándo va a detenerse, si usted cree que esto le va a ayudar. Normalmente, incluimos sugerencias con las actividades, tanto sobre lo que hay que decir como sobre las pausas(...). Lo que duren estas dependerá de sus alumnos y de lo que a usted le parezca bien para ellos; por lo general, con dos o tres segundos es suficiente pero, si el ejercicio es más complejo, quizá sea más apropiado hacer pausas más largas. Debe asegurarse de que proporciona a sus estudiantes tiempo suficiente para formar imágenes. Al principio, quizá le convenga usar las grabaciones de los guiones que se encuentran en el CD directamente en el aula, o como guía para su preparación de la clase. Si usa el CD, pare el reproductor un momento siempre que se indique *pausa* en el guion.

Tenga en cuenta el nivel de comprensión de sus alumnos cuando prepare los guiones y, aunque las visualizaciones guiadas pueden constituir una excelente práctica de audición, dígales que no tienen por qué entenderlo todo, sino simplemente captar la idea general.

Practique leyendo sus guiones en voz alta antes de llevarlos a clase, y considere practicarlos con un colega. Siempre que lea un guion a sus estudiantes, hable con voz tranquila, con cierta lentitud y sin mucha inflexión. Manténgase de pie y no se mueva mucho ni gesticule mientras habla.

Para ayudar a los alumnos a visualizar imágenes más claras, proporcióneles pistas. Si les pide que visualicen un árbol, pregunte: *¿Qué clase de árbol es? ¿Es* *grande o pequeño? ¿Tiene hojas o no?* Intente que recurran a todos los sentidos, no solo a la vista, sino también al oído, al tacto, al olfato y al gusto, siempre que pueda, ya que la imaginación multisensorial enriquecerá las actividades.

Cuando el ejercicio vaya a terminar, «devuelva» a los estudiantes a su estado normal de conciencia, con suavidad. Si están muy ensimismados, puede decir: *Cuando cuente de uno a cinco, vuelve a esta habitación sintiéndote relajado y alerta. Uno… dos… tres… cuatro… cinco.* O, simplemente, diga con voz tranquila: *Cuando estés preparado, abre los ojos*, o: *Muy bien.* Elija lo que le parezca mejor.

Siéntase libre para adaptar cualquiera de las actividades que utilice para obtener los mejores resultados posibles con los grupos con los que trabaja.

Si hace un ejercicio con imágenes relacionado con alguna cosa de su libro de texto o como actividad independiente, debería hacerlo con un propósito claro y añadir alguna actividad posterior, que puede consistir simplemente en hablar de lo que se ha experimentado o en un ejercicio de práctica oral o escrita. Las imágenes pueden ser útiles en todas las etapas de la tarea: antes de hacerla, para activar conocimientos previos o crear nuevas combinaciones de imágenes e ideas que se pueden utilizar; durante la tarea, para implicarse en ella de forma más profunda y directa, y después de hacerla, como activador de la memoria o estímulo para actividades posteriores. Es también útil recordar a los alumnos que utilicen a menudo sus imágenes mentales, que abran su *ojo de la mente*, siempre que lean o escuchen textos, porque ello proporciona ventajas añadidas.

POR ÚLTIMO, PERO NO MENOS IMPORTANTE: DOS MANERAS EN QUE LOS PROFESORES PUEDEN USAR IMÁGENES

Scott Thornbury (1999) habla de un enfoque basado en imágenes para planificar las clases. Si elaboramos guiones mentales sobre la «forma» que tienen las lecciones, podremos planificarlas de modo más coherente. «Veremos» la lección antes de empezar: con las imágenes –viéndolas, oyéndolas, sintiéndolas de modo cinestésico– podremos experimentar sus componentes y generar más ideas, dosificarlas mejor y anticipar y resolver los posibles problemas que puedan surgir.

Uno de los factores que determina la eficacia de nuestra enseñanza tiene que ver con las imágenes que tenemos de nosotros mismos. Nuestro concepto de nosotros mismos, el modo en que nos «vemos» como profesores, es un buen comienzo para la reflexión. Quizá le interese intentar lo siguiente:

Cuando esté solo y en un lugar tranquilo, relaje el cuerpo y la mente y visualice una escena: se trata de una clase típica, con algunas cosas buenas y otras menos buenas. Surgen problemas: no hay soluciones efectivas… Todo el mundo

> *está deseando que termine la clase para irse a casa. Cuando suena el timbre, todo el mundo se precipita a la puerta. Ahora, cambie la escena. Está dando la mejor clase de su vida. Todo el mundo está disfrutando. Los estudiantes están aprendiendo mucho, tanto sobre la lengua, que están utilizando de modo entusiasta, como sobre sí mismos y sobre los demás. Hay sentimientos muy positivos sobre la experiencia, y cuando la clase termina tanto usted como sus estudiantes se llevan una agradable sensación al abandonar el aula.* (Arnold 1999:276)

Dos situaciones, dos imágenes distintas. Si decide elegir la segunda, está un paso más cerca de ella.

Sección 1
Aprender a visualizar

SECCIÓN 1 ▸ APRENDER A VISUALIZAR

1 Señala dónde está la ventana

CONTENIDOS:	Léxico relacionado con la casa
NIVEL:	Elemental e intermedio bajo
DURACIÓN:	5-15 minutos
PREPARACIÓN:	Ninguna

1. Comience enseñando palabras que designan los componentes u objetos de una habitación *(mesa, silla, puerta, ventana, alfombra, cortinas, lámpara, paredes, alféizar, cocina, frigorífico, fregadero, aparador, armario, cómoda, cama, mesita de noche, sofá, sillón, baño, espejo, ducha, inodoro, etc.)*.

2. Diga a sus alumnos que seleccionen un libro –cuanto más gordo, mejor– y lo coloquen en su regazo. Dígales que toquen las cubiertas y los lomos. Mientras están haciendo esto, pídales que imaginen que estos cuatro lados son las paredes de su habitación:

    Mientras tocas los cuatro lados del libro, me gustaría que imaginaras que eso no es un libro, sino tu dormitorio. Y me gustaría que imaginaras que esos cuatro lados no son del libro, sino las paredes de tu dormitorio.

3. Unos segundos después…

    Ahora, toca el lugar donde estaría la puerta de tu habitación. Tócala. A continuación, usa tus dedos para caminar desde la puerta hasta la cama. Toca el lugar donde está la cama.

4. Unos segundos después…

    Ahora toca el lugar donde está la ventana… y, si hay más ventanas, toca los lugares donde están… Ahora camina con tus dedos desde una de las ventanas hasta el interruptor de la luz… toca el interruptor… imagina que estás encendiendo la luz…, ahora camina hasta donde se encuentran los demás objetos de tu habitación que todavía no has tocado… quizá haya una silla, una mesa, una alfombra, cortinas… No tengas prisa… toca todos los objetos que hay en tu habitación.

5. Más tarde, los estudiantes pueden escribir un texto corto en el que describan su habitación. Quizá sea necesario enseñar previamente preposiciones y palabras útiles para describir.

SECCIÓN 1 ▸ APRENDER A VISUALIZAR

1 Señala dónde está la ventana

VARIACIONES

1. Si esta actividad se hace varias veces con el mismo grupo de alumnos, varíe el contenido pidiéndoles que imaginen otras habitaciones (el salón de su casa, la cocina, la clase, el vestíbulo del colegio, una tienda, etc.).

2. Enseñe más palabras. Por ejemplo, para las habitaciones de una casa, haga que los alumnos imaginen su casa o piso y toquen las distintas habitaciones, incluyendo también instrucciones básicas como «baja las escaleras», «sube las escaleras», si hay escaleras en el piso o casa, «sal por la puerta», etc.

3. Esta actividad también puede hacerse en parejas. Los alumnos, por turnos, se dirán uno a otro qué objetos tienen que tocar en cada habitación.

4. Cuando haya hecho esta actividad varias veces, amplíela diciéndoles que cierren los ojos pasado un rato, que imaginen que están tocando los distintos objetos de la habitación que hayan elegido y que, mientras los tocan, imaginen los colores.

5. Pida a los alumnos que imaginen sus casas. Dígales que las vean mentalmente y que paseen por todas las habitaciones. Haga que dibujen un plano de la casa, añadiendo un dibujo o palabras para señalar dónde están los muebles más importantes en cada habitación. A continuación, también mentalmente, los alumnos esconden un objeto pequeño en algún lugar de la casa, cuyo nombre escriben en un papel que doblan para que no pueda verse. En parejas, los alumnos A dicen a los B el objeto que han escondido y los B tratan de averiguar dónde esta: *¿Está debajo de la cama?… ¿Debajo del sofá?* Cuando lo averiguan, los B «esconden» el objeto y los A tienen que encontrarlo.

NOTA

El objetivo principal de esta actividad es ayudar a los estudiantes cinestésicos, a los que les cuesta mucho visualizar, a desarrollar su memoria visual mediante un proceso de sinestesia (comenzando por su poderoso dominio cinestésico y llevándolos poco a poco hasta el dominio visual). Para obtener mejores resultados, pueden repetirse variaciones de esta actividad.

RECONOCIMIENTO

Hemos aprendido la Variación 5 de Javier Ávila.

SECCIÓN 1 ▸ APRENDER A VISUALIZAR

2 El gatito que está en tu regazo

CONTENIDOS:	Vocabulario relacionado con animales, imperativos
NIVEL:	Elemental a avanzado
DURACIÓN:	5-10 minutos
PREPARACIÓN:	Ninguna

1. Comience enseñando algunas de las palabras siguientes, que sus alumnos quizá todavía no conozcan: *gato, gatito, piel, patas, ronronear, cola, cabeza, regazo, acariciar, tocar, darse la vuelta.*

2. Dibuje un gato en la pizarra y repase las palabras anteriores. Dígales que, por turnos, salgan a la pizarra y, mediante mímica, describan los verbos sin decirlos. Luego, invite a la clase entera a que haga lo mismo con los verbos *acariciar, tocar* y *ronronear.*

3. Diga a sus alumnos que se sienten con los ojos abiertos o cerrados. Si quieren dejarlos abiertos, deberían «concentrarse en ellos mismos» algún tiempo y no ver lo que los demás estén haciendo durante la actividad, ni hablarles. Dígales que va a pedirles que imaginen que tienen un gatito en su regazo, que lo acarician y que tendrán que hacer lo que usted les pida.

   Ahora, con los ojos abiertos o cerrados, siente el calor del gatito que está en tu regazo. Imagina que le tocas suavemente la cabeza. Empiezas explorando la cabeza del gatito. Le tocas suavemente las orejas… ahora acaricias su piel… muy suavemente… acaricias su piel… y mientras lo haces, imaginas que el gatito empieza a ronronear… le gustan tus caricias… el gatito empieza a ronronear… sientes la vibración del ronroneo… y mientras lo sientes, imaginas que tú también lo oyes…

SECCIÓN 1 ▸ APRENDER A VISUALIZAR

2 El gatito que está en tu regazo

no tengas prisa… disfruta acariciando la piel del gatito… y sigue oyendo cómo ronronea, relajado…

Ahora observa cómo el gatito se pone de pie en tu regazo… y tú apartas las manos cuidadosamente… y ves cómo el gatito se da la vuelta… y vuelve a sentarse en tu regazo… pero ahora, la cabeza del gatito está en el otro lado… le tocas suavemente su cabeza otra vez y empiezas a acariciarla… sientes el calor de la piel… y notas el ronroneo…

VARIACIONES

1. Esta actividad puede aplicarse a otras mascotas.

2. Algunos alumnos podrían preferir una actividad en la que, por ejemplo, usted les pida que imaginen que tienen su bicicleta allí mismo. Dígales que toquen el manillar, la silla, y todas aquellas partes que puedan entender. Finalmente, diga algo parecido a esto:

   Muy bien, si la bicicleta tiene una silla, ruedas y manillar, también debe de tener un color. Cuando abras los ojos, di a tu compañero de qué color es la bicicleta. Luego, descríbele todos los detalles que puedas.

NOTA

Será interesante observar las reacciones de los estudiantes durante esta actividad, cuando les dice que el gato se da la vuelta y se sienta otra vez con la cabeza mirando al otro lado. Si los estudiantes comienzan a acariciar la piel del gato en la otra dirección, podemos estar bastante seguros de que están realmente visualizando al gato en su regazo.

SECCIÓN 1 ▸ APRENDER A VISUALIZAR

3 Preguntas sobre un dibujo

CONTENIDOS:	Presente progresivo, verbos de acción
NIVEL:	Elemental a avanzado
DURACIÓN:	15 minutos para cada una de las dos lecciones, dejando una semana, más deberes de casa
PREPARACIÓN:	Prepare un dibujo y una serie de preguntas, o fotocopie la hoja de trabajo (p. 47)

LECCIÓN 1

1. Reparta a cada alumno una fotocopia de la hoja de trabajo que está en la página 47. Dígales que doblen la página ocultando el texto y que se fijen solo en el dibujo. Haga el cuadro siguiente en la pizarra e invite a los alumnos a que digan palabras basándose en el dibujo. Escriba las palabras en los casilleros y haga que recuerden otras que no se hayan mencionado.

Animales	Personas	Acciones

2. Dígales que miren los dibujos durante un minuto y recuerden todos los detalles que puedan, que pongan el dibujo boca abajo y miren solo las preguntas. Después, divididos en parejas, lean las preguntas y decidan cuáles pueden contestar sin dificultad... ¡y sin mirar la hoja de trabajo!

3. Compruebe con los alumnos qué preguntas han sido las más difíciles de contestar. Intente que ellos mismos respondan y luego dígales que comparen las respuestas con los dibujos.

4. Dígales que el trabajo que tienen que hacer en casa es estudiarse el dibujo durante al menos tres minutos cada día durante la semana siguiente. Haga una demostración tal como sigue: lea en voz alta la Pregunta 1, mire el dibujo para encontrar la respuesta, cierre los ojos y diga a los alumnos que usted está imaginando que ve esa parte del dibujo con los ojos cerrados. Dígales que hagan lo mismo con las preguntas que faltan.

5. Para despertar su interés, dígales que en una semana va a hacer un concurso en clase para demostrarles que no son capaces de contestar ni siquiera la mitad de las preguntas que les haga sobre detalles del dibujo. Adviértales que podrán ser preguntas sobre todo tipo de detalles, no solo sobre las que están en la hoja de trabajo. Dé un ejemplo o dos de la lista de la lección 2.

SECCIÓN 1 ▸ APRENDER A VISUALIZAR

3 Preguntas sobre un dibujo

LECCIÓN 2

1. Dé un minuto a los alumnos para que vuelvan a ver el dibujo. Luego, dígales que lo guarden y que vayan diciendo palabras relacionadas con el dibujo.

2. Haga la primera pregunta que está en la parte de abajo de la hoja de trabajo. Cuando un alumno le dé la respuesta correcta, diga que levanten la mano los que la han acertado y escriba el número de respuestas correctas en la pizarra junto al número de la pregunta. Haga lo mismo con las demás preguntas.

3. Luego, pregunte más detalles del dibujo. Por ejemplo:

—¿Qué está sujetando el perro que está sentado en la bicicleta del payaso?
—¿Está mirando el perro de la bicicleta del payaso en la misma dirección que este, o en la dirección opuesta?
—¿Qué hay en la camiseta de Clara?
—¿Qué hay en la camiseta de Sandra?
—¿De qué color es el perro que persigue al señor Fernández?
—¿Qué lleva en la boca?
—¿Qué pie tiene la señora Sánchez enyesado, el izquierdo o el derecho?
—¿Qué lleva en la cabeza?
—¿Qué hay encima de la prenda que lleva en la cabeza?
—Junto a la señora Sánchez hay un animal. ¿Qué clase de animal es?
—¿Qué está haciendo el animal que está junto a la señora Sánchez?
—¿Qué lleva el señor Romero en la cabeza?
—¿Quién lleva pantalón corto, Juan o Ana?
—Hay un animal sentado en lo alto del coche del señor Romero. ¿Qué tipo de animal es?
—¿Qué dice el animal que está en lo alto del coche?

NOTA

Esta actividad es muy motivadora, porque los estudiantes normalmente contestan más preguntas de forma correcta que las que el profesor había preparado para «pincharles». Al mismo tiempo, también es muy útil para entrenar la memoria.

SECCIÓN 1 ▸ APRENDER A VISUALIZAR

3 Preguntas sobre un dibujo

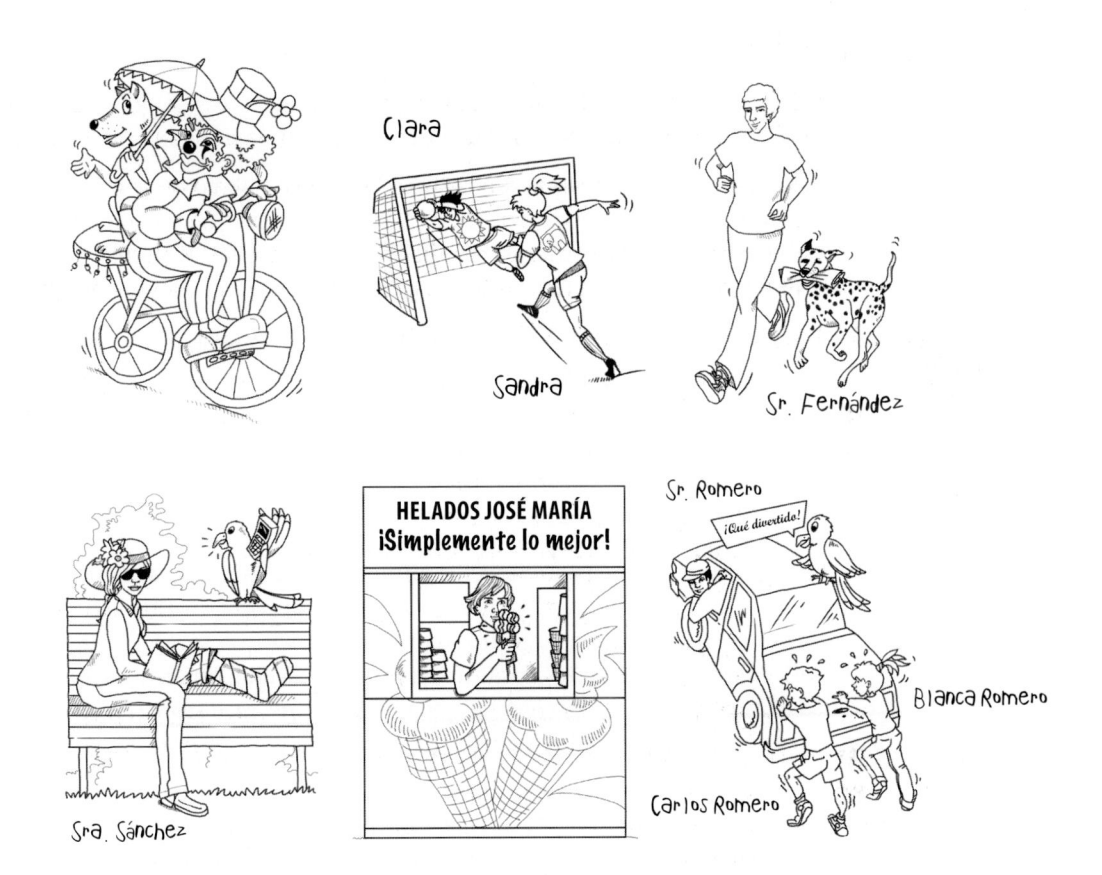

PREGUNTAS

1. ¿Qué animal va sentado en la bicicleta detrás del payaso?
2. ¿Cómo se llaman las chicas que juegan al fútbol?
3. ¿Cómo se llama la que hace de portera?
4. ¿Qué está haciendo el señor Fernández?
5. ¿Qué animal corre tras el señor Fernández?
6. ¿Cómo se llama la mujer que lleva grandes gafas de sol?
7. ¿Qué está haciendo?
8. ¿Qué está haciendo José María?
9. ¿Qué dice el cartel que está encima del puesto de helados de José María?
10. ¿Quién empuja el coche del señor Romero?

SECCIÓN 1 ▸ APRENDER A VISUALIZAR

4 Despierta tus sentidos

CONTENIDOS:	Palabras que designan sentidos, producción oral
NIVEL:	Elemental a avanzado
DURACIÓN:	20 minutos
PREPARACIÓN:	Ninguna

1. Escriba los nombres de los verbos de los cinco sentidos en la pizarra del modo siguiente:

ver	oír	tocar	probar	oler

2. En una lluvia de ideas, invite a los alumnos a que digan cosas que les gustan de cada categoría y escríbalas bajo el verbo apropiado (los estudiantes de nivel más bajo pueden sugerir palabras en su L1 que serán escritas en español). Añada unas cuantas cosas de su propia cosecha, quizá algo más complejas (*el pan que se cuece en el horno, gotas de lluvia que caen sobre el techo*). Cuando haya completado una buena lista, bórrelo todo.

3. Empareje a los alumnos al azar. Póngalos juntos, sentados o de pie y dígales que se van a regalar cosas para cada uno de los sentidos. Dígales que pueden usar alguna cosa de las que se han sugerido, pero que deberían pensar también en otras nuevas. Comienzan con *ver* y cada uno proporciona una imagen al otro, utilizando su nombre en cada ocasión. Dígales que no tengan prisa en pensar las imágenes para regalar, y que se tomen el tiempo suficiente para disfrutar de las que reciban. Puede hacer primero una demostración con un voluntario:

A: *B, quiero que veas un jardín con flores. Hace un día de sol muy bonito.*

B: *A, quiero que veas una montaña nevada.*

A: *B, quiero que oigas un piano.*

B: *A, quiero que oigas niños que juegan en un parque y se ríen…*

SECCIÓN 1 ▸ APRENDER A VISUALIZAR

4 Despierta tus sentidos

<u>4</u> Cuando todos han dado y recibido regalos para los cinco sentidos, pueden hablar sobre lo siguiente con su pareja:

¿Qué imagen visualizaste con más facilidad? Cuéntame algún detalle de ella. ¿Qué sentimientos experimentaste hacia ella? ¿Hubo alguna imagen que no pudiste visualizar?

<u>5</u> Esta actividad puede repetirse, cambiando la pareja, o hacerse de nuevo otro día.

NOTA

Cuando aprendemos, sea lo que sea, la información nos llega a través de nuestros sentidos.

El significado nos llega por medio de nuestra experiencia del mundo sensorial, pero la escuela tiende a enfatizar palabras y conceptos y a esconder la experiencia sensorial debajo de la alfombra. Devolverla a la clase puede enriquecer y reforzar el aprendizaje.

RECONOCIMIENTO

Otros trabajos similares sobre el desarrollo de la conciencia de los sentidos a través de la visualización son los de Houston (1982), Murdock (1987) y Whitmore (1986).

SECCIÓN 1 ▸ APRENDER A VISUALIZAR

5 Del tacto a la imagen interior

CONTENIDOS:	Revisar vocabulario
NIVEL:	Elemental a avanzado
DURACIÓN:	3-5 minutos
PREPARACIÓN:	Ninguna

1. Los alumnos trabajan en parejas. Por turnos, ponen la mano derecha sobre la mesa, con la palma hacia abajo. Dígales que imaginen que el dorso de la mano derecha de su pareja es un bloc de notas. Luego, dígales que van a dibujar cosas en la mano de sus parejas.

2. El alumno A piensa en una palabra que designe algo que hayan estudiado últimamente (pájaro, árbol…) que puede expresarse mediante un dibujo, y luego lo «dibuja» en la mano del alumno B, usando el dedo índice. El alumno B, con los ojos cerrados, tiene que adivinar de qué palabra se trata, pero no decirla en voz alta.

3. Cuando el alumno B cree que ha reconocido la palabra, la escribe en mayúsculas en el dorso de la mano del alumno A. Dígales que tienen que escribir la palabra con letras lo bastante grandes como para cubrir el dorso de la mano, una encima de otra. Si el alumno A «lee» correctamente la palabra, se cambian los papeles, pero si no es así, comienzan de nuevo.

VARIACIONES

1. El alumno A «escribe» (en mayúsculas) una palabra que hayan aprendido recientemente en el dorso de la mano de B. B intenta averiguar cuál es.

2. Si es apropiado en su contexto, los alumnos «dibujan» o «escriben» en la espalda de unos y de otros.

NOTA

Esta actividad es prototípica del proceso que ayuda a estudiantes muy cinestésicos a aprender a visualizar. Cuando el alumno B sienta que le están dibujando un objeto imaginario en su mano o en la espalda, recurre a su canal sensorial (cinestésico). Maria Montessori aplicaba este principio perfectamente cuando enseñaba ortografía a niños, haciendo que dibujaran palabras muy difíciles en la arena y que recordaran las letras mientras tocaban la arena con los dedos.

SECCIÓN 1 ▸ APRENDER A VISUALIZAR

6 Del movimiento a la imagen interior

CONTENIDOS:	Utilizar el movimiento para ayudar a memorizar el lenguaje
NIVEL:	Elemental a avanzado
TIEMPO:	5-10 minutos
PREPARACIÓN:	Seleccione un poema que pueda ser fácilmente escenificado mediante la mímica, o utilice el poema que se encuentra a continuación

1. Enseñe previamente los contenidos lingüísticos necesarios para que sus alumnos entiendan claramente este poema:

   ¡Una caja de chocolates!
   Qué alegre estoy.
   Una caja de chocolates,
   es mi premio hoy.
   Círculos, triángulos,
   Cuadrados, rectángulos.
   De la caja a mi barriga.
   ¡Chocolates!
   ¡Qué ricos!

2. Diga a sus alumnos que se pongan de pie, le escuchen y copien sus movimientos. Luego recite el poema, acompañándose de los siguientes movimientos:

¡Una caja de chocolates!	(Utilice las manos para «dibujar» los contornos de una caja en el aire y hacer un movimiento con una mano para indicar que la caja está muy llena)
Qué alegre estoy.	(Levante las dos manos en un gesto de triunfo)
Una caja de chocolates,	(Repetir la mímica del primer verso)
es mi premio hoy.	(«Dibuje» un círculo en su pecho, como señalando una medalla)
Círculos, triángulos, cuadrados, rectángulos.	(«Dibuje» un círculo, un triángulo, un cuadrado y un rectángulo)
De la caja a mi barriga.	(Señale con el dedo una caja imaginaria que está delante de usted, y luego su estómago)

SECCIÓN 1 ▸ APRENDER A VISUALIZAR

6 Del movimiento a la imagen interior

¡Chocolates!	(Señale la caja de chocolates imaginaria y láncele un beso para indicar que usted adora el chocolate)
¡Qué ricos!	(Frótese el estómago para indicar que se ha comido los chocolates y que se siente muy feliz)

3 Dígales que repitan los movimientos con usted, en silencio. Esta vez, usted también utiliza la mímica, sin hablar.

4 Dígales que escuchen el poema una vez más, esta vez con los ojos cerrados, y que hagan los movimientos mientras escuchan. Recite el poema.

5 Finalmente, dígales que hagan los movimientos con usted una vez más, y que esta vez repitan los versos del poema en voz alta mientras lo hacen. Pero en esta ocasión usted solo hablará si los alumnos se traban. En la mayoría de las clases será posible a estas alturas que repitan el texto completo sin que usted tenga necesidad de decir nada.

SECCIÓN 1 ▶ APRENDER A VISUALIZAR

7 Imagina el vocabulario

CONTENIDOS:	Vocabulario
NIVEL:	Elemental a avanzado
DURACIÓN:	15 minutos
PREPARACIÓN:	Ninguna

1. Cuando inicie una nueva unidad didáctica, diga a sus alumnos que la repasen y que cada uno busque diez palabras nuevas que no conozca y que le parezcan difíciles. Si el significado no aparece, pueden consultar un diccionario o preguntar.

2. Luego, van a asociar cada una de sus palabras con una imagen dinámica, con algo de movimiento. Por ejemplo, si alguien tiene la palabra *tijeras*, podría pensar en una costurera cortando un traje con tijeras o un niño recortando un dibujo. Si la palabra es abstracta, como *sin embargo*, podrían pensar en un día soleado que se torna lluvioso (El día empezó con sol; sin embargo, luego llovió) o tal vez la asociarían con parte de la palabra *bar* y verían a alguien que llega a un bar pero luego se va. No tienen que ser asociaciones muy lógicas; lo importante es establecer conexiones que luego sirven para recordar la palabra y su significado.

3. En parejas o grupos de tres comparten sus asociaciones.

NOTA

Para otra opción ver actividad 21, *Repasar vocabulario mediante imágenes*.

SECCIÓN 1 ▸ APRENDER A VISUALIZAR

8 Ver colores y números

CONTENIDOS:	Colores, números y partes del cuerpo
NIVEL:	Elemental a avanzado
DURACIÓN:	5-10 minutos
PREPARACIÓN:	Ninguna

1. Diga a sus alumnos que respiren profundamente y luego exhalen el aire muy lentamente. Dígales que hagan esto varias veces y observe cómo empiezan a encontrarse cada vez más relajados.

2. Diga con voz suave y tranquila:

   Cierra los ojos. Imagina que ves el color rojo y el número 7. Si realmente te resulta difícil ver el color rojo y el número 7, tranquilízate y relájate; simplemente, haz como que los ves. Siente cómo se te relajan la cara y la cabeza.

   Ahora, imagina el número 6 y el color naranja. Siente cómo se te relajan los hombros y el pecho.

   Imagina ahora el número 5 y el color amarillo. Siente cómo se te relajan la barriga y los muslos.

   Imagina el número 4 y el color verde. Siente cómo se te relajan los pies

   Imagina el número 3 y el color azul. Siente cómo se te relaja todo el cuerpo.

   Imagina el número 2 y el color rosa. Siente cómo se te relaja la mente. Ahora estás completamente tranquilo. Imagina el número uno y el color púrpura. Ahora estás completamente relajado. Cuerpo y mente. Completamente relajado.

   Completamente… relajado.

3. Deles tiempo para que vayan abriendo los ojos a su ritmo.

NOTA

Esta actividad se basa en elementos visuales que son familiares a los estudiantes: colores y números. Va bien para conseguir que aquellos que dicen que no pueden ver estas imágenes en sus mentes se relajen y «actúen» como si pudieran verlas.

SECCIÓN 1 ▸ APRENDER A VISUALIZAR

9 Crear una imagen mental

CONTENIDOS:	Escribir frases descriptivas y preguntas
NIVEL:	Elemental a avanzado
DURACIÓN:	20-30 minutos
PREPARACIÓN:	Se proyectarán dos fotografías desde el ordenador, o bien se distribuirá una serie de fotos en papel, una para cada alumno

1. Los alumnos se agrupan en parejas y deciden quién va a ser A y quién B. Proyecte la fotografía número uno y haga que los alumnos A la estudien muy cuidadosamente durante tres o cuatro minutos y que traten de recordar todos los detalles. Mientras tanto, los B también la miran, y escriben tres frases para responder «verdadero/falso» y dos preguntas de respuesta abierta (¿Qué…?, ¿Quién…?, etc.) basadas en la foto.

2. Luego, tras quitar la foto de la pantalla, los B hacen sus preguntas. Los A intentan recordarla para contestar. Cuando hayan terminado de contestar, deje que vean la foto otra vez.

3. Repita el proceso con la fotografía dos. Los alumnos B la estudian y los A escriben las preguntas.

VARIACIÓN

Esta actividad puede hacerse dando una tarjeta con una foto a cada alumno. Una vez transcurrido el tiempo que se fije, los alumnos A tapan su tarjeta y los B formulan las preguntas que han escrito. Luego trabajan los dos con la otra tarjeta.

SECCIÓN 1 ▶ APRENDER A VISUALIZAR

10 Tu propio nombre

CONTENIDOS:	Audición relajada, comparar cosas
NIVEL:	Elemental a avanzado
DURACIÓN:	15-20 minutos
PREPARACIÓN:	Opcionalmente, traiga un reproductor de CD

PISTA 1

1 Los alumnos se sientan de modo relajado. Ponga el CD o diga con voz tranquila:

Vas a centrarte en alguno de los sonidos que oímos en esta habitación en este momento… el sonido de… (diga aquí los sonidos que se pueden oír en ese momento, por ejemplo, los pasos de la gente por el corredor, los coches que pasan por delante de la ventana, los pájaros que cantan en los árboles que están enfrente del colegio… etc.).

Por un instante, céntrate en tu respiración… en el aire que entra y en el que sale… déjalo así: no respires ni más rápido ni más lento… céntrate solo en tu respiración y en notar si estás algo más relajado ahora.

Imagina que en el suelo, delante de ti, está tu cartera… ¿Qué colores ves? ¿Tiene asa? Si es así, ¿cómo es? ¿Tiene cierre tu cartera? Si lo tiene, ¿de qué color es?

Imagina ahora que abres la cartera. ¿Qué se siente cuando abres la cartera? Saca ahora tu bolígrafo preferido. Imagina que lo sostienes con la mano. ¿Qué temperatura tiene, comparada con la de tu piel? ¿Es muy pesado? ¿Qué sientes cuando lo tocas?

Ahora, saca el bolígrafo y escribe tu nombre en un papel. ¿Qué sientes cuando haces esto? ¿Cómo se mueve el bolígrafo sobre el papel? ¿Se desliza con suavidad o notas alguna fricción?

¿Qué oyes cuando estás escribiendo? ¿En qué color escribes? ¿Y cómo se ve tu nombre? ¿Escribes en mayúsculas o en escritura normal? ¿Son las letras grandes o pequeñas? ¿Te gusta cómo se ve tu nombre, en general? ¿Qué es lo que no te gusta?

Ahora, imagina que pones el bolígrafo en tu otra mano. ¿Qué se siente cuando lo sujetas con esa mano? ¿Qué es distinto de tu experiencia anterior?

Ahora, escribe otra vez tu nombre. ¿Qué se siente? ¿Cómo se mueve ahora el bolígrafo sobre el papel? ¿Se desliza con suavidad o notas alguna fricción? ¿Es el movimiento distinto de cuando usaste la otra mano?

SECCIÓN 1 ▸ APRENDER A VISUALIZAR

10 Tu propio nombre

¿Qué oyes mientras estás escribiendo? ¿En qué color escribes? ¿Y cómo se ve tu nombre? ¿Escribes con mayúsculas o en escritura normal? ¿Son las letras grandes o pequeñas? ¿Parece distinto tu nombre del que escribiste con tu otra mano?

Abre los ojos sin ninguna prisa y regresa a la habitación. Puedes hacerlo contando conmigo lentamente de diez a cero. Cuando llegues al cero, por favor, abre los ojos, estírate, respira profundamente y mira a tu alrededor. Diez, nueve, ocho… (cuente hasta cero).

2 Pregunte a sus alumnos lo que han sentido. Pregúnteles si han percibido alguna imagen visual, si estas eran claras, en color o en blanco y negro, si eran difusas, o si lo único que pudieron visualizar fue el color del bolígrafo y el aspecto de su escritura.

VARIACIÓN

Sus estudiantes imaginan que están delante de la puerta principal de sus casas. Dígales que toquen la puerta, el pomo, pregúnteles si está frío o caliente y, finalmente, dígales que imaginen tener la llave en la mano. Dígales que pongan la llave en la cerradura y que la giren. Mientras la están girando, pregúnteles qué es lo que oyen. Dígales que empujen la puerta hasta abrirla y que entren. Pregúnteles cómo es la habitación a la que han entrado, qué temperatura hay en esa habitación, etc.

NOTA

Esta actividad ejemplifica muy bien cómo es la sinestesia, empezando con una experiencia cinestésica y siguiendo hasta la visualización. Quizá necesite adaptar el vocabulario a las necesidades de sus estudiantes, dependiendo del nivel que tengan. Una forma de hacerlo sería prescindir de las partes más difíciles de la actividad, por ejemplo: *¿Cómo se mueve ahora el bolígrafo sobre el papel? ¿Se desliza con suavidad o notas alguna fricción?*

RECONOCIMIENTO

La idea en la que se basa la variación se ha extraído de *The Mind Gym: Wake Your Mind Up*, Time Warner Books, 2005, p. 232.

SECCIÓN 1 ▸ APRENDER A VISUALIZAR

11 Lavarse las manos

CONTENIDOS:	Audición relajada, lenguaje narrativo
NIVEL:	Intermedio alto y avanzado
DURACIÓN:	20-30 minutos
PREPARACIÓN:	Opcionalmente, traiga un reproductor de CD

PISTA 2

1 Comience enseñando primero las palabras que no conozcan sus alumnos. Dígales que se sienten de forma relajada, ponga el reproductor de CD o diga con voz relajada y tranquila:

Cierra los ojos o mira a lo lejos. Imagina que estás en tu cuarto de baño. Estás de pie delante del lavabo. Imagina el grifo o los grifos, y una pastilla de jabón. Fíjate en la forma del lavabo. Tócalo con las manos. Fíjate en lo que sientes al tocar su superficie. Fíjate en su temperatura. Fíjate en el color que tiene.

Ahora, mira el jabón. ¿De qué color es? ¿Qué forma tiene?

Ahora, pon el tapón en el sumidero. Abre los grifos. Escucha el sonido que hace el agua mientras cae en el lavabo. El agua está subiendo poco a poco. ¿Cómo cambia el sonido? Mira el lugar donde el agua que cae del grifo se encuentra con la que ya está en el lavabo. ¿Qué aspecto tiene?

Antes de que se llene el lavabo, cierra el grifo.

Ahora, pon una mano en el lavabo. ¿Es la temperatura adecuada para ti? Si es demasiado fría, o demasiado caliente, abre otra vez el grifo hasta que la temperatura sea la correcta. Pon las dos manos en el agua. ¿Cómo se siente el agua sobre tu piel?

Ahora, toma el jabón. ¿Cómo se siente? Acércatelo a la nariz y huele. ¿A qué huele?

Ahora, empiezas a lavarte las manos. Nota cómo el jabón hace espuma y los sonidos que estás haciendo. Sigues lavándote las manos.

Ahora, pones el jabón otra vez en la repisa del lavabo, y las manos, en el agua. Observa cómo cambia el color del agua. ¿Hay pompas en su superficie?

Saca el tapón. ¿Qué sonido se produce? ¿Qué se ve cuando el agua va saliendo del lavabo? Ahora, toma una toalla y sécate las manos. ¿Qué se siente? Acerca las manos a la cara y huélelas.

Abre los ojos lentamente y vuelve a la clase.

SECCIÓN 1 ▸ APRENDER A VISUALIZAR

11 Lavarse las manos

VARIACIONES

1 Puede ampliarse la actividad convirtiéndola en una secuencia narrativa. Por ejemplo: *el jabón se te resbala de las manos y cae al suelo. Intentas sujetarlo, pero el jabón se te escapa de las manos y termina en tu cuarto de estar.* Luego, diga a los alumnos que sigan con la historia utilizando su imaginación.

2 Escriba en la pizarra una lista de actividades simples que sus alumnos estén acostumbrados a hacer (levantarse y vestirse por la mañana, escribir y mandar una carta, ir a comprar fruta…). Dígales que escriban un texto corto parecido al que se ha utilizado, que describa una de estas actividades (*Imagina que estás comprando fruta en una tienda. Mira los diversos colores. Pide lo que quieras. Mientras palpas cada fruta, nota lo que se siente*); ayúdeles si tienen problemas para expresarse en la lengua. En parejas, los alumnos leen su texto a su compañero, que intenta imaginarlo.

NOTA

Esta actividad es una buena continuación de la actividad 10, *Tu propio nombre*. En las dos, se trata de acciones muy conocidas por los estudiantes, pero que son más ricas en su activación sensorial.

RECONOCIMIENTO

Esta actividad se basa en una idea extraída de *The Mind Gym: Wake Your Mind Up*, Time Warner Books, 2005, p. 234.

SECCIÓN 1 ▸ APRENDER A VISUALIZAR

12 Tu cine particular

CONTENIDOS:	Lenguaje narrativo
NIVEL:	Intermedio a avanzado
DURACIÓN:	30-40 minutos
PREPARACIÓN:	Ninguna

1 Diga a sus alumnos que van a hacer una actividad que los va a ayudar a relajarse. Pídales que se sienten cómodamente y diga con voz tranquila y relajada:

Respira profunda y lentamente. Retén el aire un instante. Ahora, expulsa el aire lentamente y nota cómo se relaja tu pecho y tu abdomen. Sigue respirando de este modo, hasta que te encuentres muy calmado y relajado. Cuando empieces a sentirte más relajado, observarás cómo tu respiración se ha vuelto más tranquila y más regular.

Siente cómo los pies están posados firmemente en el suelo. Te dices a ti mismo: «Mis pies están relajados. Cada vez más relajados. Tengo los pies completamente relajados».

Haz lo mismo con todo tu cuerpo. Di las siguientes frases para tus adentros y nota cómo te ayudan a sentirte todavía más relajado.

«Tengo los brazos, las manos, los puños y los dedos relajados. Cada vez más relajados.

»Tengo los hombros, el cuello, la cabeza y la frente relajados. Cada vez más relajados.

»Tengo la nariz, los labios, y la boca relajados. Cada vez más relajados.

»Tengo la lengua, los ojos y las mejillas relajados. Cada vez más relajados.

»Me gusta estar cada vez más relajado. Estoy cada vez más relajado.

»Estoy relajado».

Deténgase un minuto o dos. Luego continúe:

Ahora, imagina que estás en un ascensor. El ascensor te va a bajar diez pisos. Cada vez que bajas un piso te vas a sentir más relajado. Imagina que ves el número 10 delante de ti. Estás en el piso diez.

Ahora el ascensor empieza a bajar.

Ves el número 9 en la pantalla. Estás en el piso nueve…

SECCIÓN 1 ▸ APRENDER A VISUALIZAR

12 Tu cine particular

Ves el número 8 en la pantalla. Estás en el piso ocho…

Ves el número 7 en la pantalla. Estás en el piso siete… seis… Estás tranquilo y relajado.

5… 4… 3… 2… 1…

Ahora estás muy tranquilo y muy relajado.

Imagina que se abre la puerta del ascensor. Ahora estás en una habitación. Es oscura y cómoda. En la pared que está delante de ti hay una gran pantalla.

Hay una silla cómoda delante de la pantalla. Siéntate en ella.

Di para tus adentros: «Estoy profundamente relajado. Mi mente es abierta y curiosa. Veo la pantalla y las imágenes que se proyectan en ella. Puedo ver cómo van y vienen como yo quiero, o bien puedo fijarlas. Ahora no tengo prisa para ver las imágenes».

2 Dé tiempo a sus alumnos. Luego siga con sus instrucciones:

Es hora de que te levantes de la silla y vuelvas al ascensor. Observa cómo sube piso a piso:

1 . 2 . 3 . 4 . 5 . 6 . 7 . 8 . 9 . 10 . Abre los ojos sin prisa. Ahora, estírate, bosteza y disfruta del hecho de sentirte lleno de energía, sano y fuerte.

3 Dígales que se dividan en parejas y que cuenten cómo han vivido esta actividad.

RECONOCIMIENTO

Esta actividad está adaptada de otra que se encuentra en el libro de Mike Samuels y Nancy Samuels, *Seeing With the Mind's Eye: the History, Techniques and Uses of Visualization*, Random House: The Bookworms, 1975, p. 152.

SECCIÓN 1 ▶ APRENDER A VISUALIZAR

13 El soñador que hay en mí

CONTENIDOS:	Lenguaje de percepción sensorial
NIVEL:	Intermedio a avanzado
DURACIÓN:	20 minutos
PREPARACIÓN:	Traiga un reproductor de CD

1. Escriba la frase *soñar despierto* en la pizarra. Invite a sus alumnos a que digan las palabras que se les ocurran cuando piensan en soñar despiertos y ponga todas estas palabras en la pizarra también. Las palabras que saldrán con más probabilidad son: *vacaciones, playa, mar, novio/a, feliz, isla*.

2. Luego, hable con toda la clase sobre este asunto. Haga preguntas apropiadas para sus alumnos como:

    —*¿Todo el mundo sueña despierto? ¿Quién piensa que no sueña despierto nunca?*

    —*En general, ¿cuándo sueñas despierto?*

    —*¿Hay algún sitio que sea especialmente bueno para soñar despierto? ¿Cómo es ese sitio?*

    —*¿Sueñas despierto en la escuela? ¿En qué clases? ¿Alguna vez sueñas despierto en la clase de español? ¿En qué sueñas entonces?*

    —*Cuando sueñas despierto, ¿ves los sueños en color o en blanco y negro?*

    —*¿Oyes algo cuando sueñas despierto? Si es así, ¿qué es lo que oyes? ¿Voces? ¿Música? ¿Sonidos naturales? ¿Qué más? ¿Puedes saborear u oler alguna cosa cuando sueñas despierto?*

3. Diga a sus alumnos que va a hacerles una serie de preguntas. Con voz tranquila, haga estas preguntas y deje que permanezcan callados medio minuto después de cada una.

    —*¿Puedes imaginar que sujetas una manzana roja en tu mano derecha?*

    —*¿La ves ahora?*

    —*Cierra los ojos un minuto.*

    —*¿La ves mejor cuando cierras los ojos?*

    —*¿Lo sientes también? ¿Qué sientes cuando la tocas? ¿Puedes imaginar que le das un buen mordisco? ¿Oyes el sonido que produce mientras lo haces? ¿Eres consciente del sabor?*

SECCIÓN 1 ▶ APRENDER A VISUALIZAR

13 El soñador que hay en mí

4. Comente las experiencias que hayan tenido los alumnos. Normalmente, estos responden de forma muy positiva a esta actividad porque implica diversas áreas sensoriales importantes (*vista + tacto + oído + gusto*).

5. Luego, explique a la clase que quiere hacer una actividad parecida a lo que es soñar despierto, pero con ellos. Dígales que no hace falta que se esfuercen por ver cosas con su ojo mental. Dígales también que deberían ser conscientes de cualquier sabor, sonido o sensación táctil cuando sueñan despiertos.

6. Ponga música y dé a sus alumnos tiempo para relajarse y soñar. Luego, dígales que se sienten en grupo y que hablen de lo que les resultó más fácil o más difícil en su actividad y de si la disfrutaron o no.

NOTA

Esta actividad tiene como objetivo que los estudiantes sean conscientes de sus capacidades para lograr tipos distintos de imágenes sensoriales. Activa la zona de nuestra mente responsable de las imágenes mentales.

SECCIÓN 1 ▸ APRENDER A VISUALIZAR

14 Museo de imágenes

CONTENIDOS:	Desarrollo de la expresión oral
NIVEL:	Elemental a avanzado
DURACIÓN:	30 minutos
PREPARACIÓN:	Ninguna

1. Diga lo siguiente a los alumnos: *Piensa en algo que consideras muy bonito y que podrías describir a otras personas. Crea una imagen muy completa, con todos los detalles. Vuelve varias veces a la imagen para ver si puedes añadir algo más* (dejar 3 o 4 minutos).

2. Explique a la clase que ahora van a hacer un museo con las imágenes que han creado, y que cada uno va a compartir su imagen como si fuera un cuadro. Primero, les va a dar tiempo para crear una descripción en español de la imagen y buscar ayuda si les falta alguna palabra. Enfatice que no tiene por qué ser lenguaje complicado, sino fácil de entender, y que van a describirla, no a leerla.

3. La mitad de los alumnos se van a poner de pie en un círculo y los demás van a «visitar el museo», y cuando paren delante de alguien, este «muestra» su «cuadro», contando los detalles que ve en su imagen mental. Cuando hayan tenido tiempo para «ver» unas tres o cuatro, se cambian los papeles y los visitantes van a mostrar sus imágenes al otro grupo.

# Sección 2
Centrarnos en la lengua

SECCIÓN 2 ▶ CENTRARNOS EN LA LENGUA

15 Ser el doble de un retrato

CONTENIDOS:	Formas interrogativas
NIVEL:	Elemental a avanzado
DURACIÓN:	30-40 minutos
PREPARACIÓN:	Busque una retrato grande (al menos en tamaño A3) de una persona. Cuanto más ambigüedad y misterio tenga, más apropiado será

1. Ponga el retrato en un lugar en el que todos puedan verlo. Coloque una silla junto a él.

2. Vaya al final del aula y mire el retrato durante un rato. Con voz baja y tranquila, hágale estas preguntas:

   —¿Te sientes cómodo/a?
   —¿Cuántos años tienes?
   —¿Qué estás pensando?
   —¿Eres muy rico/a o muy pobre?
   —¿Cómo es/era tu padre?
   —¿Qué tipo de personas se sienten atraídas por ti?
   —¿Cómo serías como padre/madre?
   —¿Qué sientes por la vida?
   —¿Y por la muerte?
   —¿Me caes bien?
   —¿Te tengo miedo?
   —¿Me eres indiferente?

   Sugiera a los alumnos que olviden las preguntas que usted ha hecho y escriban de 6 a 8 preguntas elaboradas por ellos a la persona del retrato. Esto lo harán de forma individual.

3. Ahora, solicite que un voluntario se siente en la silla que está junto al retrato y proporcione una «voz» a la persona retratada.

4. Los alumnos hacen sus preguntas y la «voz» las contesta, forjando así una imagen concreta de la persona. Pueden hacer preguntas nuevas a medida que se va construyendo el personaje.

5. Pasado un rato, pregunte si otro alumno quiere proporcionar «voz» al retrato y repita de nuevo la entrevista al retrato. Normalmente, el alumno nuevo construye un nuevo personaje.

RECONOCIMIENTO

Hemos aprendido estas actividades de «doblar» a alguien de Bernard Dufeu, autor de *Teaching Myself*, OUP, 1994, y de John Morgan.

SECCIÓN 2 ▸ CENTRARNOS EN LA LENGUA

16 Aprender una palabra con su familia y amigos

CONTENIDOS:	Trabajar con una red de palabras
NIVEL:	Intermedio a intermedio alto
DURACIÓN:	40-50 minutos
PREPARACIÓN:	Traiga un sobre grande a la clase

1. Dicte estas palabras y frases:

    madre   amadrinar a alguien   maternalmente   maternidad
    madraza   tratar bien a tu madre   madre Rusia   madreselva
    la madre de todas las batallas   madre e hijo   madre trabajadora   madre superiora
    madre patria   madre política   madre adoptiva   madre Tierra

2. Pregunte a los alumnos qué palabras o frases desconocen. En la medida de lo posible, intente que se ayuden unos a otros con las palabras. Puede explicar aquellas que nadie sepa.

3. Diga a los alumnos que le gustaría que se relajaran. Para ayudarlos, cuente hacia atrás desde el 15 de modo lento y rítmico, invitándoles a cerrar los ojos.

4. Ahora dígales que busquen imágenes mentales y sentimientos para las frases siguientes, haciendo pausas de 10 segundos después de cada una:

    una madre joven
    una mamá pato
    una madre de siete hijos
    madre e hijo
    una diosa madre
    madrastra
    la Reina madre
    una futura madre
    tratar bien a tu madre
    una madre trabajadora
    la necesidad es la madre de la invención
    madre naturaleza

5. Diga a los alumnos que «vuelvan» a la clase, que tomen papel y bolígrafo y que escriban las frases que les sugirieron los sonidos, imágenes y sentimientos más intensos. Luego las comparan con los compañeros y hablan de lo que han imaginado.

SECCIÓN 2 ▸ CENTRARNOS EN LA LENGUA

16 Aprender una palabra con su familia y amigos

6 Luego, pídales que se escriban una carta a sí mismos, que leerán transcurrida una semana, sobre las imágenes que han visto. Dígales que estos textos no los va a ver nadie. Haga que pongan las cartas en el sobre grande y grápelo. Una semana o dos más tarde, usted abre el sobre en clase y devuelve las cartas a sus autores.

NOTA

Una actividad parecida a esta puede crearse fácilmente utilizando palabras o frases sobre las que usted quiera que sus estudiantes reflexionen. Puede recurrir a un diccionario actualizado basado en corpus o a búsquedas por internet para encontrar las palabras. Suponga que en sus libros de texto hay una unidad sobre la esclavitud: los estudiantes podrían reflexionar sobre el concepto de *esclavo* y utilizar una visualización guiada como la anterior sobre frases que giren en torno a *esclavo*.

RECONOCIMIENTO

Esta actividad está inspirada en el libro de Michael Hoey *Lexical Priming*, Routledge, 2005.

SECCIÓN 2 ▸ CENTRARNOS EN LA LENGUA

17 Elepientes y cebradrilos

CONTENIDOS:	Área léxica de animales y sus hábitats
NIVEL:	Intermedio bajo a avanzado
DURACIÓN:	25-35 minutos
PREPARACIÓN:	Si lo desea, proyecte las imágenes de animales o haga fotocopias

1 Enseñe previamente palabras referidas a animales y sus hábitats que sean necesarias según el nivel lingüístico de su clase.

2 Invite a sus alumnos a relajarse. Diga con voz tranquila:

Me gustaría que imaginaras que delante de ti hay un perro muy simpático. ¡Mira cómo mueve la cola! Observa su color y su tamaño. Empieza a acariciarlo. ¿Qué sientes cuando le tocas la piel?

Imagina ahora que la parte trasera del animal sigue siendo un perro y que la parte delantera se convierte en gato. Mira cómo este nuevo animal corre por delante de ti jugando con una pelota. Observa cómo la piel de la parte delantera y la trasera terminan fundiéndose. Y ahora, cambia la parte trasera del animal a la de una cebra.

Ahora, sigue cambiando al animal. La parte trasera sigue siendo una cebra pero la delantera cambia a la de un cocodrilo.

Cambia al animal una y otra vez. Crea todos los animales que quieras.

Pausa de dos o tres minutos

Elige uno de los animales que hayas creado. El que te guste más. Dale un nombre a tu criatura. Ahora, observa dónde vive. Puede que sea un bosque, un desierto, una pradera o bajo el agua. Mira cómo consigue sus alimentos y cómo come.

Observa si hay otros animales alrededor del que has creado. ¿Son más grandes, más pequeños o del mismo tamaño? ¿Vive tu animal en grupo, solo o con otro animal?

Observa cómo interactúa tu animal con el medio. Trata de comprender sus hábitos alimenticios y cómo duerme. ¿Cómo es su relación con los demás animales? ¿Dónde vive? ¿Dónde duerme? ¿Qué come? ¿Cómo se comporta?

Abre los ojos lentamente y anota todo lo que puedas sobre el animal. Luego, escribe un texto breve y añade un dibujo si te apetece.

3 Si sus alumnos tienen dificultades para ver a los animales inventados, muéstreles las fotos que están en el CD mediante un proyector.

SECCIÓN 2 ▸ CENTRARNOS EN LA LENGUA

17 Elepientes y cebradrilos

RECONOCIMIENTO

La idea para esta actividad procede del libro de Laura Ellison, *Seeing with Magic Glasses: A Teacher's View from the Front Line of the Learning Revolution*, Periklis Pagratis y Great Ocean Publishers, 1993.

SECCIÓN 2 ▶ CENTRARNOS EN LA LENGUA

18 Los pronombres y la realidad a la que se refieren

CONTENIDOS:	Profundizar en el sistema pronominal del español
NIVEL:	Elemental a avanzado
DURACIÓN:	30-40 minutos
PREPARACIÓN:	Ninguna

<u>1</u> Diga a cada alumno que en un papel escriba *YO* y *MI* en el centro de la página.

<u>2</u> Dicte estos pronombres y diga a los alumnos que los escriban en la página donde les parezca apropiado, en relación con *YO* y *MI*:

Tú   *Nosotros*
Uno al otro *Ello*
Ellos   *Yo mismo/a*
Alguien   *Uno/a*
Él   *Ella*

<u>3</u> Divida a los alumnos en grupos de cuatro para que comparen y expliquen el lugar donde han colocado los pronombres.

<u>4</u> Dígales que se sienten cómodamente y cierren los ojos si lo desean.

<u>5</u> Dígales que les va a decir pronombres y que permitan que las personas que les evoquen estos pronombres deambulen por sus pantallas mentales. Haga una pausa de 5 a 10 segundos entre cada uno:

Ellas   *Yo mismo*
Nosotros y ellos *Tú y yo*
Alguien   *Ellos*
Nos   *Mío*
A él   *Tú y yo*
A ella y a él

<u>6</u> En parejas, los alumnos eligen tres pronombres o pares de pronombres que hayan oído y escriben de cuatro a seis frases u oraciones cortas utilizando los pronombres o palabras relacionados con ellos, organizando las frases y oraciones para crear un poema. Luego piensan en una manera interesante de leer sus poemas a la clase (leer con eco, o decir unos versos en voz baja y otros en voz más alta, etc.).

SECCIÓN 2 ▸ CENTRARNOS EN LA LENGUA

18 Los pronombres y la realidad a la que se refieren

7 Otra actividad posible sería poner a toda la clase en un círculo y que cada pareja salga al centro para interpretar su poema.

Ejemplo:

Tú y yo
No nosotros
Casi nosotros
¿Por qué no nosotros?

VARIACIÓN

Dé a los alumnos 10 minutos para que escriban lo que quieran sobre esta experiencia. El texto resultante no se divulgará.

RECONOCIMIENTO

La idea para este ejercicio procede de John Morgan, autor de *Vocabulary*, OUP, 2004.

SECCIÓN 2 ▸ CENTRARNOS EN LA LENGUA

19 La traducción flotante

CONTENIDOS:	Permitir que una lengua fluya a la otra
NIVEL:	Intermedio a avanzado
DURACIÓN:	50-60 minutos
PREPARACIÓN:	Copie el poema que aparece a continuación y dé una copia a cada alumno

1. Explique a los alumnos que en los Estados Unidos la cocaína es conocida como la «dama blanca».

2. Dígales que se sienten cómodamente y que cierren los ojos:

    Controla tu respiración…
    Inhala el aire… y piensa en cosas que acabas de hacer…
    Exhala y deja que las cosas que has estado haciendo salgan fuera también…
    Inhala, y piensa en la semana pasada.
    Exhala, y líbrate de la semana pasada…
    Inhala, y piensa en una preocupación, exhala, y suelta tu preocupación.
    Escucha ahora este poema que trata de una madre americana de color…
    Escucha y relájate…

3. Lea el poema lentamente, deteniéndose al final de cada verso un par de segundos.

    La dama blanca
    quiere a mi hijo,
    quiere a mi sobrina,
    quiere a la hija de Josie.
    Los agarra con fuerza
    y los encierra como la esclavitud.
    ¿Cuánto nos va a costar
    no perder a nuestros hijos?
    ¿Cuánto rescatarlos?

    La dama blanca
    dice: te quiero.
    Me susurra
    que sea su amante.
    Me susurra: pásame por tus dedos,
    siénteme, huéleme,
    saboréame.

    Ámame,
    nadie te comprende
    *   como la dama blanca.*
    Dama blanca,
    has encadenado a nuestros hijos
    en el sótano
    de la casa grande.
    Dama blanca,
    has sacado a nuestras hijas a la calle.
    Dama blanca,
    ¿qué tenemos que pagar
    para que nuestros hijos sean nuestros
    *   otra vez?*
    Dama blanca,
    ¿qué te debemos
    para que los nuestros sean nuestros
    *   por fin?*

SECCIÓN 2 ▶ CENTRARNOS EN LA LENGUA

19 La traducción flotante

Ahora os voy a leer otra vez el poema. Esta vez, deja que las palabras españolas se transformen en palabras de tu lengua materna en tu mente… Mientras escuchas los sonidos, permite que las palabras de tu propia lengua ocupen su lugar… Si no encuentras una palabra en tu lengua, deja la palabra española…

Esta vez, deje transcurrir tres o cuatro segundos entre cada verso.

4   Después de la segunda lectura, invite tranquilamente a los alumnos a «volver» al aula y pídales que escriban una mezcla de las palabras y frases de la L1 y las españolas que puedan recordar. Deles cinco minutos de tiempo para completar esta tarea.

5   Reparta el texto y dígales que, en parejas, escriban una versión completa en su L1 (si tiene una clase multilingüe, coloque juntos a los que hablen una misma lengua; si alguien se queda sin pareja, puede traducir solo). Mientras pasea por el aula, ayúdeles si necesitan palabras.

6   Ahora, distribuya a los alumnos en grupos de tres. Todos escuchan sus traducciones.

7   Termine la clase con una discusión breve en la que se hablará de lo que los alumnos sintieron al oír a esta madre reprocharle a la cocaína ser una ladrona de niños.

VARIACIÓN

Puede utilizar cualquier otro texto que usted prefiera, siempre que las frases sean relativamente cortas. Una vez que los alumnos se hayan acostumbrado a transponer sus pensamientos desde el español a su lengua materna, pruebe a hacerlo al revés.

NOTA

Para ver más actividades que implican el uso de dos lenguas, véase Sheelagh Deller *et al.*, *Using Mother Tongue*, Delta Publishing, 2002.

RECONOCIMIENTO

El poema original, de Lucille Clifton, se encuentra en *Blessing the Boats*, BOA Editions, 2000.

SECCIÓN 2 ▸ CENTRARNOS EN LA LENGUA

20 El pretérito perfecto en imágenes

CONTENIDOS:	El pretérito perfecto
NIVEL:	Elemental a avanzado
DURACIÓN:	30-40 minutos
PREPARACIÓN:	Una copia del texto para cada alumno

1. Diga a los alumnos que se sienten cómodamente y que cierren los ojos, si quieren. Dígales que recuerden lo siguiente, dándoles tiempo suficiente después de cada párrafo para imaginar las cosas que les sugiere.

    Tres cosas que he hecho hoy de las que me siento satisfecho.
    Tres cosas que he hecho esta semana de las que me siento satisfecho.
    Tres cosas que he hecho este año de las que me siento satisfecho.

    Dos cosas que todavía no he hecho hoy.
    Dos cosas que no he hecho esta semana.
    Dos cosas que no he hecho este año.

    Una cosa que he aprendido hoy.
    Una cosa que he aprendido esta semana.
    Una cosa que he aprendido este año.

    ¿Cómo va el día de hoy, hasta ahora?
    ¿Cómo va la semana, hasta ahora?
    ¿Cómo va el año, hasta ahora?

    Traiga a los alumnos «de vuelta» de sus pensamientos.

2. Dé a cada estudiante el texto que ha leído y dígales que escriban todo lo que se les ha ocurrido durante la visualización, deteniéndose después de *Una cosa que he aprendido este año*. Dígales que usen el pretérito perfecto cuando sea apropiado.

3. Pasee por el aula y ayúdelos con el vocabulario.

4. En parejas, los alumnos leen las frases escritas por sus compañeros y luego comentan las tres últimas preguntas.

5. Termine la clase escribiendo este chiste en la pizarra:

    POLÍTICO: *Ha vivido usted en esta granja ochenta años.*
                ¿Ha tenido una buena vida?

    GRANJERO: *¡Todavía no lo sé!*

SECCIÓN 2 ▸ CENTRARNOS EN LA LENGUA

21 Repasar vocabulario mediante imágenes

CONTENIDOS:	Repaso de vocabulario
NIVEL:	Elemental a avanzado
DURACIÓN:	15-20 minutos
PREPARACIÓN:	Ninguna

1. Diga a los alumnos que miren las últimas dos o tres lecciones del libro de texto y que escojan cinco o seis palabras que sean difíciles de memorizar. Cada alumno escoge dos de sus palabras y las escribe en la pizarra. Proporcione el significado de aquellas que no se conozcan.

2. Pídales que cierren los ojos y se concentren en su respiración.

3. En voz alta, y lentamente, diga una de las palabras que estén en la pizarra. Para empezar, elija una palabra de significado concreto, no abstracto.

4. Diga a los alumnos que abran los ojos y pida a cuatro o cinco que digan lo que oyeron, sintieron o vieron cuando usted dijo la palabra. Dígales que sean muy específicos al describir sus imágenes.

5. Repita el procedimiento con más palabras de la pizarra (de ocho a doce), incluyendo algunas que sean más abstractas.

6. Pregúnteles si creen que ahora será más fácil recordarlas. Propóngales que intenten crear imágenes de palabras cuando repasen ellos solos.

SECCIÓN 2 ▸ CENTRARNOS EN LA LENGUA

22 Dar la vuelta a una imagen

CONTENIDOS:	Repaso de vocabulario
NIVEL:	Elemental a avanzado
DURACIÓN:	5-10 minutos
PREPARACIÓN:	Dibuje las palabras que quiera repasar en una cartulina que sea lo bastante grande para que los estudiantes lo vean con claridad, o busque fotos apropiadas en revistas y péguelas en una cartulina

1. Sitúese en medio de la clase, sujetando la foto o dibujo al revés para que los alumnos no puedan verla con dos dedos de cada mano, para poder darle la vuelta con facilidad.

2. Dígales que pongan atención porque va a mostrarles una foto o dibujo durante unos segundos y tienen que decir palabras que esta les sugiera. Dele la vuelta a la cartulina para que los alumnos la vean y ocúltela otra vez. Espere a que digan alguna palabra.

3. Dé la vuelta a la foto o dibujo varias veces, y trate de que los estudiantes digan más palabras en cada ocasión.

4. Cuando los alumnos hayan dicho todas las palabras, muéstreles la foto o dibujo durante un minuto y pídales que intenten recordar todos los detalles.

5. Cuando haya pasado el minuto, dígales que cierren los ojos. Haga preguntas detalladas sobre la foto o dibujo (por ejemplo: *¿Qué lleva puesto la mujer que está junto al árbol?*). Los alumnos responden con los ojos todavía cerrados.

VARIACIÓN

De modo alternativo, y dependiendo también de las palabras que usted desee repasar, escriba una serie de palabras, con distintos colores, en la cartulina. Las preguntas de la fase final serían más o menos del tipo:

¿De qué color es la palabra…?

NOTA

Esta actividad ejerce un efecto muy positivo en la capacidad de los estudiantes para concentrar la atención. Utilizada de forma regular, es también una buena manera de desarrollar bien la memoria visual de los estudiantes.

SECCIÓN 2 ▶ CENTRARNOS EN LA LENGUA

23 Hacer rotar frases en la mente

CONTENIDOS:	Repaso del orden de palabras
NIVEL:	Elemental a avanzado
DURACIÓN:	20-30 minutos
PREPARACIÓN:	Ninguna

1. Escriba en la pizarra: *No tengo hambre*.

2. Diga a los alumnos que copien la frase, pero desplazando la primera palabra al final de la frase: *¿Tengo hambre? No*.

3. Ahora diga a los alumnos que cada uno ponga la primera palabra en la tercera posición: *¿Hambre? No tengo*. Pregúnteles si la nueva frase tiene sentido.

4. Ahora, invíteles a que se sienten cómodamente y cierren los ojos.

5. Deles una frase de cuatro palabras (*Esto no es Madrid*) y pídales que muevan mentalmente la primera palabra de la izquierda un espacio a la derecha (*No, esto es Madrid*) y decidan si la frase resultante tiene significado.

6. Luego, mentalmente, piensan la frase nueva y mueven la primera palabra que estaba a la izquierda en la frase original un espacio más a la derecha (*No es esto Madrid*) y comprueban si la frase resultante tiene significado… Siguen así hasta que vuelven a la frase original.

7. Cuando el grupo haya finalizado esta tarea lingüística mental, pídales que, de modo individual, escriban las tres frases nuevas. Dígales que añadan palabras a la derecha o a la izquierda para obtener su pleno significado, por ejemplo:

    ¿No es Madrid esto, una colmena de bullente humanidad?

8. Los estudiantes se mueven por el aula y leen las frases de los demás para ver si encuentran a alguien que tenga las mismas frases que ellos.

VARIACIÓN

Estas dos frases cortas se prestan muy bien a esta actividad:

Bueno, sí y no.   *Sí, creo que puedo.*

RECONOCIMIENTO

Adrian Underhill nos enseñó a dar la vuelta a las frases mentalmente.

SECCIÓN 2 ▸ CENTRARNOS EN LA LENGUA

24 Una receta

CONTENIDOS:	Palabras relacionadas con la cocina y con cocinar
NIVEL:	Intermedio a avanzado
DURACIÓN:	30-40 minutos
PREPARACIÓN:	Ninguna. Para la variación, traiga a la clase harina, un rodillo de amasar, un tamiz y una botella de aceite

1 Escriba la palabra *cocinar* en la pizarra y diga a los alumnos que la rodeen con palabras relacionadas con esta idea. Dígales que las escriban en español, si pueden, o en su L1, si no.

2 Si no salen las palabras *cuenco*, *masa*, *rodillo de amasar*, *sartén* y *tamiz*, añádalas y explique lo que son. Ayude a los alumnos a poner todas las palabras de la pizarra en español.

3 Dígales que se relajen, que cierren los ojos y que visualicen una cocina que conozcan. Pregúnteles:

¿Qué partes de la cocina son luminosas y qué partes son oscuras? ¿Cuántos colores ves en la cocina? Cuando estás en la cocina, ¿qué sonidos oyes? ¿Hace frío o calor aquí? ¿Dónde se guardan los cuencos? ¿Y la harina?

4 Dígales que hagan estas cosas mentalmente en su cocina imaginaria:

Toma un paquete de harina…
Toma un tamiz y una fuente…
Pasa la harina por el tamiz y ponla en un cuenco… Hierve agua…
Echa un poco de agua caliente sobre la harina…
Mezcla la harina y el agua…
Deja reposar la harina 15 minutos…
Toma un rodillo y amasa un poco de harina…
Haz un rollo muy fino con la masa…
Echa un par de gotas de aceite…
Haz esto unas cuantas veces hasta que termines de amasarlo todo.
Calienta una sartén…
Echa los rollitos de masa…
Dales la vuelta…
Sácalos de la sartén y mete en cada uno unos pedacitos de pato asado, cebolla fresca y pepino…
¡Acabas de preparar Pato de Pekín! Pruébalo si quieres.

SECCIÓN 2 ▶ CENTRARNOS EN LA LENGUA

24 Una receta

5 Divida a los alumnos en grupos de cuatro para que se cuenten unos a otros cómo les ha ido en la cocina. Diga a los grupos que escriban la receta entre todos.

6 Si quiere, para la siguiente clase, pídales que traigan su receta favorita, a ser posible una sencilla. En parejas, cada alumno *cocina* mediante una visualización guiada.

VARIACIÓN

Comience la clase del modo siguiente:

1 Muestre a la clase los utensilios que ha traído.

2 Pase la harina por el tamiz.

3 Eche agua sobre la harina para aclarar lo que significa *masa*.

4 Demuestre cómo se amasa con el rodillo.

5 Eche unas gotas de aceite en la masa…

NOTA

Si lo prefiere, haga esta actividad con cualquier otra receta que pueda interesar a sus alumnos.

SECCIÓN 2 ▶ CENTRARNOS EN LA LENGUA

25 Escucha y sueña despierto

CONTENIDOS:	Ayudar a los alumnos a entender distintas modalidades de escucha
NIVEL:	Intermedio a avanzado
DURACIÓN:	50-60 minutos
PREPARACIÓN:	Un día antes, diga a los estudiantes que piensen en una historia de dos o tres minutos para contarla en la clase siguiente

1. Divida a los alumnos en grupos de cuatro. Pídales que decidan quién es A, y quiénes son B, C, y D.

2. Dígales que los A serán los primeros en contar sus historias. Diga a los B que tienen que escuchar y tomar nota tanto de cualquier error lingüístico que detecten como de todas las cosas bien dichas que digan los A. Diga a los C que escuchen la historia y traten de verla en imágenes, dejando que sus mentes se alejen felizmente de la historia si alguna cosa de las que cuenta les invita a meterse en su propio universo de experiencias. Dígales que disfruten, soñando felizmente despiertos, si dejan la historia, y que luego vuelvan a ella si pueden. Diga a los D que presten total atención a la historia, porque tendrán que repetírsela al narrador cuando este termine de contarla. La contarán de nuevo como si ellos fueran el narrador.

3. Los alumnos D repiten la historia que acaban de oír de los A.

4. Los B miran sus notas y dicen a los A las cosas buenas y las menos buenas que hayan oído.

5. Finalmente, los C cuentan lo que les ha ocurrido cuando han escuchado metiéndose en las imágenes de la historia.

6. Haga la actividad tres veces más, cambiando los roles para que todo el mundo pueda desempeñar los cuatro.

7. Termine la clase con una discusión general sobre las modalidades de escucha.

NOTA

Hay muchas otras modalidades de escucha, aparte de las que se han esbozado antes. Algunas son, por ejemplo:

a. Escuchar solo las palabras clave y ponerlas en relación con tu propia vida.

SECCIÓN 2 ▶ CENTRARNOS EN LA LENGUA

25 Escucha y sueña despierto

b. Musicalmente, centrándose en la velocidad del discurso, el tono (alto o bajo) y la intensidad.

c. Observar los gestos que acompañan a las palabras: seguir conscientemente el ritmo de las manos, la cara y el tronco, y también la respiración del hablante.

d. Oír las palabras y frases que te hacen feliz.

SECCIÓN 2 ▸ CENTRARNOS EN LA LENGUA

26 La corrección visual de errores

CONTENIDOS:	Corregir errores de una manera discreta, pero fácil de memorizar
NIVEL:	Elemental a avanzado
DURACIÓN:	Unos cuantos minutos si se está trabajando en un error específico
PREPARACIÓN:	Tenga preparados tarjetones o cartulinas de colores de unos 15 × 15 cm, en los que habrá al menos dos de cada color, más un rotulador grueso

1. Para corregir estos errores habituales en el nivel, seleccione un trozo de papel coloreado y dibuje en él un símbolo o escriba una letra de la palabra, de modo que sea fácilmente visible. Utilícelo en actividades orales como ancla visual para que los alumnos no cometan ese error.

2. Si, por ejemplo, detecta un error en el uso del género, escriba una G grande en el tarjetón. Péguela en la pared para que los alumnos puedan verla fácilmente.

3. Pida al alumno que repita la frase. Cuando oiga el error, limítese a señalar al signo y sonría al alumno. Espere a que este lo corrija o, si es necesario, susurre la forma correcta al alumno y haga que repita la frase a continuación.

4. La próxima vez que ocurra, siga el mismo procedimiento. Pare al alumno, señale al signo de la pared, sonría y espere a que el alumno se corrija él mismo.

5. Utilice este procedimiento durante algún tiempo. Luego, quite el tarjetón de la pared.

6. La próxima vez que ocurra el error, busque un tarjetón del mismo color, no escriba nada en él y péguelo en el mismo lugar de la pared donde estaba el anterior. Espere a que el alumno se corrija él mismo.

7. Siga este procedimiento durante algún tiempo, y luego quite el tarjetón de la pared. Cuando alguien cometa de nuevo el mismo error, normalmente basta con señalar al mismo lugar de la pared (donde ya no hay ningún tarjetón).

¡Y no olvide sonreír!

NOTA

La corrección visual de errores hay que llevarla a cabo de una manera extremadamente delicada, porque siempre se corre el riesgo de que los estudiantes no entiendan bien la corrección del profesor y desarrollen creencias negativas

SECCIÓN 2 ▸ CENTRARNOS EN LA LENGUA

26 La corrección visual de errores

sobre sus propias capacidades para el aprendizaje de lenguas (*Esto se me da fatal. Nunca voy a hacerlo bien,* etc.).

Esta actividad es muy útil para evitar este problema, porque separa el mensaje del meta-mensaje. El mensaje que se dirige al alumno es que hay algo que está mal en su frase, pero el meta mensaje (la sonrisa amigable del profesor) está diciendo con claridad: *¡Lo estás haciendo bien! Lo único que pasa es que la frase que has creado necesita corregirse un poquito.*

SECCIÓN 2 ▶ CENTRARNOS EN LA LENGUA

27 ¿Qué he aprendido hoy?

CONTENIDOS:	Repaso de una lección
NIVEL:	Intermedio bajo a avanzado
DURACIÓN:	5-10 minutos
PREPARACIÓN:	Ninguna

<u>1</u> Al final de la clase, cuando queden solo unos minutos, diga a sus alumnos que se sienten cómodamente y diga con voz pausada y tranquila:

Me gustaría que cerraras los ojos y dedicaras unos minutos a volver sobre la lección que hemos dado. Recuerda el momento en que entraste en el aula hoy. ¿Qué es lo que esperabas? ¿Cómo te sentías?

Cuando recuerdas las distintas fases de la lección, ¿cuáles son los recuerdos más intensos que tienes? ¿Qué ha sido especialmente útil? Ahora, piensa en lo que hiciste durante la lección. ¿En qué parte o partes de la lección participaste más? ¿Qué fue lo que hiciste? ¿Trabajaste solo o en colaboración con los demás?

Ahora piensa en lo que has aprendido en esta lección. ¿Qué palabras nuevas has aprendido? ¿Qué frases? ¿Alguna construcción? ¿Has aprendido alguna cosa nueva sobre la lengua española? ¿Cómo vas a asegurarte de que vas a recordar lo aprendido hoy? ¿Tienes deberes que hacer? Si es así, ¿cuándo los vas a hacer? ¿Vas a repasar lo que has aprendido? Ahora, imagina una situación de la vida real en la que puedas usar lo aprendido hoy. Mírate, óyete y siente cómo usas tu nueva lengua con soltura con otras personas. ¿Qué necesitas todavía aprender para usar el español todavía con más soltura?

Tómate un minuto para contestar esto y luego vuelve a la clase.

<u>2</u> Escriba los siguientes comienzos de frases en la pizarra e invite a los alumnos a que las terminen hablando con el compañero de al lado:

En la lección de hoy he aprendido…
La parte más importante de la lección para mí fue cuando…
Lo que más me gustó fue…
Me gustaría aprender más…

VARIACIÓN

El formato básico de esta visualización puede utilizarse para evaluar períodos de aprendizaje que sean más largos que una lección (por ejemplo, una semana, un trimestre o un curso académico).

SECCIÓN 2 ▸ CENTRARNOS EN LA LENGUA

28 Visualizar *ser* y *estar*

CONTENIDOS:	Repasar los usos de *ser* y *estar*
NIVEL:	Elemental a intermedio bajo
DURACIÓN:	20-30 minutos
PREPARACIÓN:	Una copia de la ficha para cada alumno

1. Cuando quiera repasar algunos usos básicos de *ser* y *estar*, diga a los alumnos que va a leerles unas frases y que ellos intenten ver las frases en imágenes. Si quieren, pueden cerrar los ojos para hacerlo mejor. Deje unos segundos entre cada frase.

   *La mesa es de madera… Pau Gasol es alto… Hoy es lunes (martes…)…
   El libro es mío… El concierto es a las ocho… Antonio Banderas es de Málaga…
   Mis vecinos son médicos.*

   *El Museo del Prado está en Madrid… Las niñas están saltando…
   Nuestra casa está muy limpia… Estoy cansado hoy…
   María está sentada en el sofá… La casa está recién pintada.*

2. Entregue a cada alumno una copia de la ficha. Ahora leen las frases que han escuchado e intentan pensar cómo cada una ejemplifica uno de los usos de *ser* o *estar*. Escriben sus ideas en la ficha. Si se quiere, pueden trabajar en parejas.

Ser	Estar
La mesa es de madera.	*El Museo del Prado está en Madrid.*
Pau Gasol es alto.	*Las niñas están saltando.*
Hoy es lunes (martes…).	*Nuestra casa está muy limpia.*
El libro es mío.	*Estoy cansado hoy.*
El concierto es a las ocho.	*María está sentada en el sofá.*
Antonio Banderas es de Málaga.	*La casa está recién pintada.*
Mis vecinos son médicos.	

3. Comente cada frase con ellos y explique cualquier caso que no quede claro.

28 Visualizar *ser* y *estar*

VARIACIÓN

Después, podría poner las frases siguientes en la pizarra para que los alumnos razonen por qué una tiene *ser* y la otra *estar*. Podrían reescribir las frases poniendo más contexto para ver claramente la diferencia.

Ana es feliz.

Ana está feliz.

NOTA

Las reglas gramaticales pueden parecer abstractas a muchos alumnos pero al concretarlas con imágenes se pueden hacer más comprensibles y fáciles de memorizar.

SECCIÓN 2 ▸ CENTRARNOS EN LA LENGUA

29 Preparándonos para leer

CONTENIDOS:	Activar conocimientos previos antes de la lectura
NIVEL:	Intermedio a avanzado
DURACIÓN:	40-50 minutos
PREPARACIÓN:	Una diapositiva que se proyecta o imprime para que la vean los alumnos. Una copia del texto para cada alumno

1. Diga a los alumnos que vean mentalmente una imagen de la Tierra. Quizá quieran verla como si estuvieran mirándola desde una nave espacial, o como una zona concreta, o simplemente experimentar sensaciones sobre el planeta.

2. Muéstreles la foto, dígales que la contemplen durante un momento y escriban en una frase lo que creen que el artista trata de decir.

3. Los alumnos comprueban si la persona que se sienta a su lado ha escrito algo parecido. Invite a unos cuantos a leer sus frases. Si la clase no es demasiado grande, cada alumno puede leer su frase.

4. Proponga una lluvia de ideas para que piensen en lo que los seres humanos están haciendo con el planeta. Si fuera necesario, deje que expresen ideas en su lengua materna y ayúdeles a traducirlas al español. Escriba las sugerencias en la pizarra y, mientras escribe, pídales que construyan imágenes mentales asociadas con cada una de ellas.

   Luego, dígales que van a leer una transcripción de una conversación en la que varios profesionales preocupados hablan del medioambiente.

5. Tras leer la conversación, cada alumno elige representar a uno de los expertos en medioambiente (Ana, Miguel…) y, en parejas, preparan un breve juego de rol que continúa la discusión y en el que añaden sus propias ideas sobre el tema. Luego, representan los juegos de rol delante de la clase.

SECCIÓN 2 ▸ CENTRARNOS EN LA LENGUA

29 Preparándonos para leer

Un grupo de expertos sobre medioambiente conversa sobre temas candentes:

Ana: Por donde quiera que miramos, el planeta nos dice: «¡Ya basta!». Si no empezamos a pensar en el futuro del mundo en vez de en nuestros deseos más inmediatos, puede que ni siquiera haya futuro. No hay duda de que los seres humanos son la especie más destructiva que existe.

Miguel: No me gusta coincidir contigo, porque esa visión del futuro es muy negra pero, desafortunadamente, hay muchos indicios de que ese puede ser el mundo que le estamos dejando a nuestros nietos. Lo vemos en el aire, en la tierra y en el mar. La capa de hielo del Polo Norte se ha reducido muchísimo, se pierden miles de kilómetros cuadrados de bosque todos los años y la lluvia está disminuyendo en muchas zonas, creando desiertos y provocando hambrunas a millones de personas. ¿Quieres oír más?

Silvia: No, no. Ojalá no fuera verdad, pero la Naturaleza nos está enviando mensajes constantemente que dicen que no está bien. Cuando nos paramos a pensar en las razones de esta situación, llegamos inevitablemente a una conclusión: lo que predomina es el egoísmo y la codicia. Solo pensamos en consumir más y más, en tener más dinero y más posesiones, como si esto nos fuera a hacer felices. Mientras, estamos perdiendo nuestros valores y llevando a la Tierra al desastre.

Dani: Siempre ha habido cambios climáticos, algunos verdaderamente espectaculares, pero nunca un cambio tan rápido. Las cosas se nos han ido por completo de las manos. Lo que antes tardaba miles de años ahora sucede en cien. Y no hay duda de que los seres humanos son los responsables. Tenemos que pensar que hay valores, que hay responsabilidades más importantes que comprar coches más grandes o que la industria consiga enormes beneficios.

Lola: Estoy de acuerdo con todo lo dicho, pero yo tengo esperanzas. Cada vez más gente se está dando cuenta de que tiene un deber hacia el planeta. Por ejemplo, apagando las luces que no se necesitan, utilizando el transporte público o la bicicleta, o fuentes de energía limpias. Para mí es especialmente importante enseñar a los niños que cuiden su mundo. Me acuerdo de que, cuando tenía diez años, vi una película en el colegio que decía qué tenemos que hacer para no malgastar el agua. Aquella película debió de influir en mí, porque ahora, muchos años después, la verdad es que me preocupa mucho el tema de ahorrar agua.

Pablo: Sí, eso es importante, y el poquito que tú ahorras y el poquito que yo ahorro va aumentando el ahorro. Pero sin la colaboración de la industria y de agencias gubernamentales, dudo que podamos ganar la batalla. Los países del primer mundo disfrutan de un alto nivel de vida material, pero… ¿a qué coste? Los gobiernos tienen que unirse a la industria para asegurarse de que los delitos ecológicos no queden impunes. Después de todo, incluso los líderes de los países más importantes y las empresas más poderosas no querrán dejar a sus hijos y a sus nietos un mundo en el que no puedan vivir. Es hora de que todos escuchemos lo que nos está diciendo nuestro planeta y actuemos en consecuencia.

SECCIÓN 2 ▸ CENTRARNOS EN LA LENGUA

30 De las imágenes al poema

CONTENIDOS:	Escribir en equipo
DURACIÓN:	40 minutos
NIVEL:	Intermedio bajo a avanzado
PREPARACIÓN:	Para la variación, retroproyector, transparencias sin utilizar y marcadores

1. Haga una lluvia de ideas en clase para crear una lista de valores: *libertad*, *paz*, *tolerancia*, etc. Puede ser más fácil si ya han hecho la actividad 72, *Cualidades positivas*. Escriba la lista de valores en la pizarra.

2. Divida a los alumnos en grupos de cuatro. Cada grupo escoge uno de los valores como título del poema que van a escribir juntos. Todos piensan en ese valor e intentan crear distintas imágenes mentales que de algún modo se relacionen con el valor escogido. Cada alumno corta cuatro tiras de papel y en cada una escribe una frase que describe una de las imágenes. Deje claro que puede tratarse de una imagen en cualquier modalidad sensorial, incluyendo los sentimientos. Por ejemplo, si el valor escogido es *paz*, los alumnos podrían escribir: *Una paloma blanca que vuela en el aire* o *Sentir amor por el mundo*.

3. De este modo, el grupo tendrá dieciséis versos para el poema. Tienen que escoger ocho, dos de cada persona del grupo, colocarlos en el orden que prefieran y añadir unas cuantas palabras si fuera necesario para completar el poema. Luego, cada grupo decide cómo quiere leer el poema al resto de la clase. Entre las posibilidades: cada persona lee dos versos; todos leen juntos; uno lee y los otros representan el poema mediante la mímica; el poema se lee sin decir el título y la clase tiene que adivinar qué valor es, etc.

VARIACIÓN

Escribir el poema en una transparencia e incluir un dibujo cuando lo lean en voz alta para la clase.

RECONOCIMIENTO

Esta actividad se la vimos hacer a Grethe Hooper Hansen. Otra versión se puede encontrar en Gerngross, Gunter y Puchta, *Pictures into Action*, Prentice-Hall, 1992.

SECCIÓN 2 ▸ CENTRARNOS EN LA LENGUA

31 Habla, escucha y dibuja

CONTENIDOS:	Lenguaje descriptivo
NIVEL:	Intermedio bajo a avanzado
DURACIÓN:	20 minutos
PREPARACIÓN:	Dos dibujos proyectados desde el ordenador, o fotos extraídas de revistas, una por cada alumno

1 Comience enseñando el vocabulario necesario para describir la foto o dibujo (*en la esquina superior derecha*, etc.).

2 En parejas, cada alumno va a describir una foto o dibujo. Los alumnos se sientan de modo que solo los A puedan ver la pantalla. Los A la describen a los B, que tratan de imaginarla y dibujar lo que ven con el ojo de la mente. Los B pueden preguntar a los A más detalles sobre la foto o dibujo (*¿Es muy grande? ¿Está ahí o más a la izquierda?*) y los A pueden sugerir correcciones (*Estaría más hacia abajo*).

3 Los B se dan la vuelta y miran la foto o dibujo. Luego, cambian los roles y los B describen mientras los A escuchan y dibujan.

4 Las fotos o dibujos utilizados pueden ser de naturaleza concreta o muy abstracta y, si los alumnos tienen lápices de colores para dibujar, la actividad puede resultar más interesante.

VARIACIÓN

Recopile fotos de revistas, una para cada alumno. Deles una a cada uno, que no mostrarán a su compañero hasta que la hayan descrito y el compañero haya terminado el dibujo. Luego se intercambian las fotos y los dibujos con otra pareja de alumnos y comentan las diferencias entre las fotos y los dibujos hechos por sus compañeros.

Imagen 1

Imagen 2

SECCIÓN 2 ▸ CENTRARNOS EN LA LENGUA

32 Cooperar para describir

CONTENIDOS:	Lenguaje descriptivo
NIVEL:	Elemental a avanzado
DURACIÓN:	30 minutos
PREPARACIÓN:	Prepare para cada tres alumnos un sobre con tres imágenes de objetos, animales o edificios. Tenga más imágenes preparadas, por si acaso

1. Los alumnos se dividen en grupos de tres. Dé un sobre a cada grupo. Si hace falta tener algún grupo con cuatro alumnos, ponga en el sobre una foto más. Ningún grupo deja que los demás vean sus fotos. Los miembros de cada grupo, sin que los demás oigan lo que están diciendo, escriben una descripción de cada objeto sin nombrarlo, utilizando tres o cuatro frases. Deben utilizar la primera persona para describir el objeto. Por ejemplo, si describen una mesa, podrían decir: *Soy marrón. Estoy hecha de madera. Tengo cuatro patas. Me usan en los comedores.* Paséese por el aula para ayudar a los alumnos que necesiten apoyo lingüístico.

2. Cuando todos los grupos hayan acabado, cada alumno del grupo lee una de las descripciones y los demás grupos intentan adivinar de qué objeto se trata. Cada frase va añadiendo más información. Esta actividad puede convertirse en un juego si los alumnos levantan la mano para nombrar el objeto cuando crean reconocerlo, de modo que el primer grupo que responda de forma acertada conseguirá dos puntos y perderá uno si la respuesta es incorrecta.

SECCIÓN 2 ▸ CENTRARNOS EN LA LENGUA

33 Siempre hay alguien con quien hablar

CONTENIDOS:	Hablar consigo mismo para practicar la lengua
NIVEL:	Elemental a avanzado
DURACIÓN:	20 minutos (y, para los alumnos, algún tiempo fuera del aula)
PREPARACIÓN:	Ninguna

1. Recuerde a la clase que los alumnos se quejan a menudo de que no tienen a nadie con quien hablar en español para practicar, y dígales que siempre hay una persona con la que pueden conversar: ellos mismos. Incluso, en nuestra lengua materna, a veces hablamos con nosotros mismos. Podrán practicar mucho si lo hacen en español.

2. Dígales que saquen una hoja de papel. Cuando usted haga una pregunta o les dé una indicación, deben fijarse en lo que se dicen a sí mismos. Puede usar las que se encuentran a continuación o pensar en otras más apropiadas para sus estudiantes. Dígales que pueden usar su lengua materna si hace falta, pero que intenten escribir todo lo que puedan en español. Después de cada indicación, deténgase unos diez segundos y luego dígales que escriban las palabras que se dijeron a sí mismos en cualquier lengua, incluso si lo que dijeron fue *Esto es una tontería* o *¡Yo no quiero hacer esto!*

3. Antes, si quiere, puede demostrar cómo se habla a uno mismo. Pruebe esto: muestre un montón de papeles y diga: *Tengo que terminar de corregir. Es demasiado. La verdad es que hoy estoy cansadísimo. Quizá más tarde. Sí.* Explique que solemos hablar con nosotros mismos en frases cortas, no largas y elaboradas.

    Indicaciones:

    El pasado fin de semana… Este problema que tengo… El gobierno… La escuela… Esta actividad… Yo… Ellos… Bonito… La vida… Pasarlo bien… Tigre…

4. Primero, divida a la clase en parejas y haga que compartan su lenguaje interior. Luego pregunte si quieren compartir con toda la clase alguna cosa que hayan dicho los dos u otra cosa que hayan encontrado interesante en esta actividad.

5. Recuérdeles la importancia de cultivar el lenguaje interior en la lengua que están aprendiendo y recomiende más cosas para hacer fuera del aula.

SECCIÓN 2 ▸ CENTRARNOS EN LA LENGUA

33 Siempre hay alguien con quien hablar

FUERA DE CLASE

Diga a los alumnos que en los tiempos muertos (cuando están en el autobús, o esperando a alguien…) pueden practicar y mejorar su español mediante el lenguaje interior. Deles una lista con varias opciones para elegir o bien sugiera una sola cosa que hagan durante la semana. Para animarlos a hacer este ejercicio, puede dejarlos decidir qué opción tomar de modo individual y decirles que la semana siguiente, en parejas, deberán decir a su compañero qué opción escogieron y cómo les ha ido. Pruebe con estas opciones o invente algunas más que considere apropiadas para su grupo de alumnos:

- *Imagina una conversación entre dos personas que ves.*
- *Al final del día, conversa contigo mismo sobre las cosas más importantes que hayan sucedido.*
- *Imagina una conversación telefónica con un amigo al que no has visto en varias semanas.*
- *Piensa en alguien a quien te gustaría decirle una cosa pero no te atreves a hacerlo. Usa tu lenguaje interior. ¡No discutirán contigo!*
- *Cuando vayas a algún sitio a pie o en autobús, tren o coche, intenta describir las cosas que ves.*
- *Trata de fijarte en tu lenguaje interior durante el día, en los pequeños comentarios que te haces a ti mismo. Cuando tengas uno, tradúcelo al español. Si el pensamiento es negativo («Esto nunca lo voy a aprender»), tradúcelo primero a algo más positivo («Si trabajo mucho, podré aprenderlo») y luego al español.*
- *De noche, planifica el día siguiente en español.*

NOTA

Hay muchas razones para recurrir al lenguaje interior, un tipo de imagen auditiva que transforma nuestros pensamientos en palabras. La investigación ha demostrado que no solo es necesario un *input* comprensible para adquirir una segunda lengua, sino que los estudiantes necesitan también trabajar con elementos lingüísticos desconocidos y expresarse mediante algún tipo de *output*. Sin embargo, quizá teman cometer errores delante de sus compañeros y del profesor, y se resistan a producir el *output* necesario. El lenguaje interior puede darles la posibilidad de hacerlo de una manera totalmente segura.

SECCIÓN 2 ▸ CENTRARNOS EN LA LENGUA

33 Siempre hay alguien con quien hablar

Aunque no haya la posibilidad de correcciones externas, intentarán por su cuenta resolver las dudas que tengan. Cuando no dispongan de la palabra adecuada para lo que quieren decir, es muy posible que la busquen en diccionarios o pregunten a otras personas. Mediante el lenguaje interior, decimos lo que sentimos que necesitamos decir, y esto causa que tengamos mucho más interés por disponer de los elementos lingüísticos necesarios.

Utilizar el lenguaje interior es una gran ayuda, no solo para el aprendizaje en general, sino también para aquellos casos en los que los estudiantes deban enfrentarse a una situación lingüística específica. Pueden ensayar las posibles respuestas a un examen oral o la interacción con otra persona en relación con un tema concreto (pedir la comida en un restaurante, preguntar por dónde se va a algún sitio…). Quizá una de las pruebas más definitivas de que una persona ha logrado adquirir una lengua es que ha empezado a hablar consigo misma en dicha lengua.

RECONOCIMIENTOS

Esta actividad le debe mucho a Tomlinson y Ávila (2007a) y al uso práctico de los principios del lenguaje interior de Marc Helgesen («Talk to Yourself», *English Teaching Professional*, octubre 2003).

SECCIÓN 2 ▸ CENTRARNOS EN LA LENGUA

34 Escritura automática

CONTENIDOS:	Generar ideas para escribir
NIVEL:	Intermedio bajo a avanzado
DURACIÓN:	15-20 minutos, y 5-10 minutos una semana después
PREPARACIÓN:	Traer un sobre grande para la lección 1

LECCIÓN 1

1 Con voz tranquila, diga a la clase que haga lo siguiente:

Mientras estás sentado, presiona con firmeza los pies sobre el suelo. Mantenlos así seis segundos y luego descansa.

Ponte de pie. Mantén derechas las rodillas. Estira los brazos hacia arriba tanto como puedas. Mantente así seis segundos y luego descansa. Siéntate.

Cierra los puños con fuerza. Mantelos así seis segundos y luego abre la mano.

Levanta los hombros todo lo que puedas. Mantenlos así seis segundos y luego bájalos.

Tensa los músculos de la cara. Haz una mueca durante seis segundos y luego relájalos.

Ahora, cierra los ojos. Respira lenta y regularmente. Imagina que cada vez que expulsas aire desaparece un poquito del estrés y el cansancio que tienes acumulado, y que cada vez que inspiras estás metiendo energía fresca y nueva. Imagina que, al respirar, transmites esta energía a tu cuerpo, sobre todo, cuando te sientes un poquito tenso. Disfruta de este pensamiento uno o dos minutos.

2 Ahora, los alumnos toman lápiz y papel y escriben sin parar durante cinco minutos. Dígales que nadie, excepto ellos mismos, van a ver lo que han escrito, y que no juzguen de ninguna manera el texto resultante. Deben dejar fluir la escritura de modo automático y escribir todo lo que se les ocurra. Si les vienen a la cabeza pensamientos de preocupación por lo que están escribiendo, deben escribirlos también, pero no dejar que interrumpan la fluidez de su escritura.

3 Cuando hayan finalizado, dígales que metan sus textos en un sobre grande, que usted cerrará y grapará después. Dígales que los devolverá la semana siguiente.

SECCIÓN 2 ▸ CENTRARNOS EN LA LENGUA

34 Escritura automática

LECCIÓN 2

Una semana después, abra el sobre en la clase y reparta los textos para que los lean sus autores. Anímelos a que hagan comentarios sobre el proceso de escritura y a que expresen sus sensaciones sobre los textos producidos (recordándoles, no obstante, que no tienen por qué revelar lo que realmente escribieron).

NOTAS

Esta actividad de relajación resulta muy adecuada si la clase está cansada cuando empieza la lección. Les ayudará a eliminar tensión, y cuando se concentren en sus movimientos, notarán cómo van relajándose lentamente. Usted también podrá observar un cambio en la atención y en la concentración de sus estudiantes. Las risas del grupo están garantizadas cuando hagan una mueca, pero no hay por qué preocuparse: todo lo contrario, puesto que la risa tiene un efecto relajante. Permítala, y disfrútela también.

RECONOCIMIENTO

Esta actividad de escritura se basa en una idea del libro de Henriette A. Klauser, *Writing on Both Sides of the Brain: Breakthrough Techniques for People Who Write*, Harper Collins, 1987.

Sección 3

Vamos a contar historias

SECCIÓN 3 ▸ VAMOS A CONTAR HISTORIAS

35 De la audición a la lectura y la escritura

CONTENIDOS:	Ayudar a los alumnos a escribir a partir de un poema
NIVEL:	Intermedio a avanzado
DURACIÓN:	40 minutos
PREPARACIÓN:	Una copia del poema (en el número 5) por alumno

1 Diga a los alumnos:

Recuerda a una persona mayor que conozcas. ¿Qué sensaciones te produce? Imagina lo que hace durante el día. Intenta sentir cómo sería ser esa persona.

2 En parejas, los alumnos describen esa persona a sus compañeros.

3 Dígales que se sienten cómodamente y cierren los ojos. Diga:

- *Estás sentado en un café…*
- *Estás en Egipto… estás sentado en un café de Alejandría… Oyes muchas voces… Oyes el ruido de los naipes cuando se arrojan sobre la mesa.*
- *Hombres mayores fuman pipas de agua… borbotean, borbotean… burbujean, burbujean…*
- *Ahora vas a oír palabras y frases de un poema…*
- *Permite que las palabras fluyan sobre ti y a través de ti… Si las entiendes, está bien… Y si hay palabras que no conoces, también está bien.*

4 Desde la parte delantera de la clase, pronuncie las palabras que siguen en voz profunda y cadenciosa. Haga que las palabras resuenen. Deténgase tres segundos después de cada verso. Estas son las palabras:

Viejo… Hombre viejo… Con periódico, en una mesa… Solo.
En medio del ruido. Abatido. Los temores de la edad…
No ha gozado… los años…
Era fuerte y sano…
Comprende… Viejo… Sabe…
Tiempo de la juventud… Brilla.
Corto el camino… parece que fue ayer.
Confiaba en la prudencia… Absurdo… Palabras falsas…
Mucho tiempo… pasiones controladas… sacrificio de la alegría…
Sabio en vano…
Burlado por las oportunidades perdidas…
Pensamientos… recuerdos
Aturdido… se duerme
Totalmente solo.

SECCIÓN 3 ▸ VAMOS A CONTAR HISTORIAS

35 De la audición a la lectura y la escritura

Pausa

Ahora voy a leeros todo el poema, pero desde la parte de atrás de la clase.

5 Sitúese detrás de los alumnos y lea todo el poema, haciendo breves pausas entre cada verso, sin prisa:

Un hombre viejo.
Un hombre viejo con un periódico.
Se acurruca en aquella mesa,
en medio del ruido.
Piensa, abatido, en los temores de la edad.
Qué poco ha gozado los años cuando era fuerte, sensato y sano.
Comprende que es viejo: lo sabe y, sin embargo, el tiempo de la juventud aún brilla.
¡Qué corto el camino! Parece que fue ayer.
Confiaba en la prudencia… ¡Qué absurdo!
Le engañó con una palabra falsa: «Hay mucho tiempo. Otro día».
Las pasiones controladas, el sacrificio de la alegría, el haber sido sabio en vano…
De todo eso se burlan las ocasiones perdidas…
Aturdido por recuerdos y pensamientos,
se queda dormido. En la mesa, completamente solo.

6 Tras la segunda lectura, «devuelva» a los alumnos al aula y distribuya el poema escrito. Dígales que lo lean en silencio. Aunque pueden preguntarle el significado de las palabras que desconozcan, intente que lo deduzcan del contexto. Por ejemplo, si no conocen *abatido*, pregúnteles si piensan que significa *triste* o *feliz*.

7 Diga a los alumnos que disponen de 20 minutos para escribir sobre uno de los temas siguientes:

- Lo que he sentido cuando he oído y leído el poema.
- ¿Cómo era este hombre cuando era joven?
- ¿Qué significa envejecer para ti?
- Una persona mayor que conozco (poema, historia o descripción).

8 Divida a los alumnos en parejas o grupos de tres o cuatro y dígales que compartan lo que han escrito.

SECCIÓN 3 ▸ VAMOS A CONTAR HISTORIAS

35 De la audición a la lectura y la escritura

VARIACIÓN

Si su clase está acostumbrada a trabajar de forma más autónoma, los alumnos pueden escribir libremente lo que quieran cuando lean el poema, sin poner sus nombres. Recoja los papeles y péguelos en las paredes del aula. Los estudiantes se levantan y leen lo que cada uno ha escrito.

RECONOCIMIENTO

Poema de Constantino P. Carafy, en *Poemas*, Alejandría, 1935.

SECCIÓN 3 ▸ VAMOS A CONTAR HISTORIAS

36 Cómo expandir una historia

CONTENIDOS:	Enriquecer una narración simple
NIVEL:	Intermedio a avanzado
DURACIÓN:	20-30 minutos
PREPARACIÓN:	Ninguna

1 Diga a la clase que, mientras se relajan, va a contarles una historia incompleta, haciendo pausas aquí y allá para que ellos puedan llenar los huecos de la historia mentalmente.

2 Diga a los alumnos que cierren los ojos, que se concentren en su respiración y que imaginen estar respirando un aire que los llena de energía. Añada que, cuando exhalan el aire, se están librando del estrés y la tensión.

3 Y ahora la historia:

Había una vez un pueblo cuyos habitantes eran todos felices. Eran felices todo el día y todos los días. Se me ha olvidado cómo era el pueblo y cómo vestían sus habitantes. No me acuerdo si era invierno o verano en la historia. No recuerdo tampoco por qué eran felices. Por favor, recuérdame todo lo que he olvidado.

Pausa de 15 segundos

Y estas personas felices construyeron una muralla alrededor del pueblo y una puerta para salir y entrar. No entiendo por qué unas personas que eran tan felices quisieron construir una muralla alrededor del lugar donde vivían. Quizá puedas explicar por qué construyeron la muralla.

Pausa de 15 segundos

Exactamente un año después de que construyera la muralla, ocurrió una cosa terrible. Un enorme gigante, un hombre grandísimo, apareció y se quedó ante la única puerta del pueblo. Cada vez que alguien intentaba abrir la puerta y salir del pueblo, el gigante saltaba y decía:

«¡Uhhh!» El terrible ruido que hacía aterrorizaba a la gente.

¿Qué piensas en este momento de la historia? Dispones de un momento para saborear estos pensamientos.

Pausa de 15 segundos

SECCIÓN 3 ▸ VAMOS A CONTAR HISTORIAS

36 Cómo expandir una historia

> Y los habitantes del pueblo empezaron a tener hambre porque el gigante no les dejaba traspasar las puertas ni permitía que entrara nadie. La comida empezó a escasear, y también el agua.
> De modo que los habitantes del pueblo se dirigieron a su rey y le dijeron: «Eres nuestro rey y tienes que hacer algo con respecto a este gigante».
> Yo sabía qué tipo de persona era el rey, pero se me ha olvidado por completo. ¿Puedes ayudarme tratando de sentir cómo era este rey?

Pausa de 15 segundos

> El rey se puso su armadura y se cubrió la cabeza con su gran casco de plumas.
> Tomó la espada con su mano derecha y salió del palacio. El rey tenía mucho miedo. «Pero soy el rey», se dijo a sí mismo. Bajó por la calle principal, seguido de todos sus súbditos, la gente del pueblo. Cuando llegó a la puerta de la muralla, ordenó que se la abrieran.
> El gigante lo vio atravesar la puerta y, una vez que estaba fuera, dio un salto.
> «¡Puaf!», gritó con todas sus fuerzas. Aquello sonó como un trueno. La tierra tembló.
> El rey no se movió. Se quedó quieto.
> El enorme gigante empezó a empequeñecer. Encogió y encogió hasta que tuvo la misma talla que el rey. Luego siguió encogiendo hasta medir solo unos quince centímetros.
> El rey extendió la mano y sujetó al pequeño gigante.
> «¿Cómo te llamas?», preguntó el rey. «Miedo», dijo el gigante enano, y entonces el rey lo puso en la tierra para que pudiera huir metiéndose en la hierba alta que crecía alrededor de las murallas.

4 Diga a los alumnos que «regresen» al aula y se dividan en grupos de tres para hablar de lo siguiente: *¿Cómo era el pueblo? ¿Por qué se construyó la muralla? ¿Cómo era el rey?* Luego tendrán que ponerse de acuerdo sobre el significado de la historia.

5 Termine comentando la actividad.

RECONOCIMIENTOS

Aprendimos esta técnica de John Morgan, *Once Upon a Time*, CUP, 1986.

Oímos por primera vez la historia *Happy People* contada por Robert MacCall, de Hamburgo, Alemania.

SECCIÓN 3 ▸ VAMOS A CONTAR HISTORIAS

37 Sonidos, murmullos, historias

CONTENIDOS:	Ayudar a los alumnos a transformar un texto esquemático en otro más rico
NIVEL:	Elemental a avanzado
DURACIÓN:	40-50 minutos
PREPARACIÓN:	Prepare una secuencia de sonidos o use las que están en el CD. Traiga un reproductor de CD

1. Explique a los estudiantes que van a oír una serie de sonidos y que tienen que imaginar la historia que los sonidos empiezan a contar. Explíqueles que, una vez que la secuencia termine, deben empezar a susurrarse a sí mismos la historia que imaginan. Los sonidos serán solo parte de la historia que inventan. Dígales que van a susurrar la historia dos veces. La primera vez que lo hagan, quizá les falten palabras y puede que cometan muchos errores. La segunda vez intentarán enriquecerla y eliminar todos los errores que puedan.

PISTA 4

2. Diga a la clase que se siente cómodamente y que cierre los ojos. Luego ponga el CD.

    Ruidos que van a oírse:

    Tres suspiros profundos y una pausa en medio de cada uno.

    Un débil gemido que se hace cada vez más fuerte.

    Alguien que camina y cojea lenta y estruendosamente.

    Tres golpecitos en una puerta.

    Cinco patadas en una puerta.

    Un sonido de puerta que se abre… pausa…

    Un grito largo que se desvanece lentamente.

    Pies que corren.

    Un grito fuerte.

3. Diga a los alumnos: *Este es el final de la secuencia de sonidos… Por favor, empieza a pensar en la historia que tienes que imaginar… vas a disponer de varios minutos para susurrarla dos veces.*

4. Deje pasar de 3 a 5 minutos. Luego, dígales que escriba cada uno una versión de la historia en una página. Dígales que disponen de 15 minutos para hacerlo. Pasee por la clase y ayúdeles con las palabras o frases que puedan necesitar.

SECCIÓN 3 ▸ VAMOS A CONTAR HISTORIAS

37 Sonidos, murmullos, historias

5   Divídalos en grupos de cuatro y dígales que cada uno lea su historia a los demás alumnos del grupo.

VARIACIONES

1   Si los estudiantes tienen una sola lengua materna, después de que hayan escrito la primera versión, puede poner otra vez la secuencia de sonidos y decirles que escriban una segunda historia en su lengua. Divídalos en grupos de tres y diga que cada uno lea las dos versiones al grupo.

2   Si la clase tiene un nivel muy bajo, la introducción puede hacerse en la L1.

NOTAS

Creemos que este tipo de ejercicio debería hacerse con más frecuencia: cuanto más lo hagan los estudiantes, mejor lo harán.

Si los alumnos disponen de equipo para grabar, pueden hacer ellos mismos más secuencias de sonidos para usar en la clase. En su libro *Lessons from the Learners*, Sheelagh Deller (Pilgrims Longman, 1990) afirma con toda razón que los profesores preparan más trabajo de clase del que deberían preparar. Y a los estudiantes les da mucha seguridad ver que pueden producir material para uso en la clase.

RECONOCIMIENTO

La idea de usar secuencias de sonidos como detonante para crear una historia procede de Alan Maley y Alan Duff, *Sounds Intriguing*, CUP, 1979.

La técnica de «susurrar» se la debemos a Anne Pechou.

SECCIÓN 3 ▸ VAMOS A CONTAR HISTORIAS

38 Crear una historia

CONTENIDOS:	Escritura creativa
NIVEL:	Intermedio a avanzado
DURACIÓN:	40-50 minutos
PREPARACIÓN:	Opcionalmente, proyectar las imágenes o repartir fotocopias. Traer un reproductor de CD

1. Escriba las siguientes palabras y expresiones en la pizarra e invite a sus alumnos a que las vean e imaginen una historia en la que estas puedan aparecer. Ayúdeles con los significados de las palabras que desconozcan:

   máscara de gas　　*fábrica*
   línea del horizonte　*amenazador*
   amanecer　　　　　*píldora*
   destrucción　　　　*bebida energética*

2. En parejas, se cuentan uno a otro en una o dos frases la historia que han imaginado.

3. Cuente a los alumnos la historia siguiente y dígales que intenten verla como si fuera una película que se proyecta en sus mentes.

   Areta se despertó temprano. Alex no estaba en la cama y ella pensó que estaría leyendo, como siempre. Ella escapaba del mundo inhumano que la rodeaba oyendo música, y él lo hacía leyendo. Ella había lavado sus trajes protectores la noche anterior, de modo que estaban blancos como la nieve. ¿Cuánto tiempo se mantendrían así una vez que traspasaran la puerta del edificio y se metieran en aquel aire que olía a destrucción? Se vistió rápidamente y se tomó su píldora alimenticia con un vaso de la bebida energética Fórmula 21 y le dio a Alex la suya. Terminado el desayuno, le dijo que se vistiera rápidamente porque no debían llegar tarde a la fábrica. Se pusieron sus máscaras de gas nuevas para salir a trabajar. Sin prisa, y sin preocuparse por los peligros de la vida a la que se enfrentaban, él volvió a sentarse, puso los pies en alto y terminó de leer una historia, mientras ella miraba por la ventana la línea del horizonte. El amanecer pintó el cielo de rosa y azul, por encima de la ciudad fría e impersonal. En el horror que veía ante ella había una belleza extraña y amenazadora.

4. Cada alumno escribe tres frases para decir cosas que sean iguales o distintas en la primera y en la segunda historia (*En la historia 1, yo imaginé mucha gente, y en la 2 solo había dos. En ambas vi una ciudad al amanecer*).

SECCIÓN 3 ▸ VAMOS A CONTAR HISTORIAS

38 Crear una historia

PISTA 5

5 Los alumnos miran las ilustraciones y, escuchando la música, imaginan cómo podría acabar la historia. Cada uno escribe un final y se lo lee a su compañero.

VARIACIÓN

Si el nivel del grupo es más bajo, puede dar el texto a los alumnos para que lo lean mientras les cuenta la historia.

Imagen 1

Imagen 2

SECCIÓN 3 ▶ VAMOS A CONTAR HISTORIAS

39 Comprender el vocabulario de una historia

CONTENIDOS:	Comprender inicialmente unas cuantas palabras, luego otras más, y finalmente una historia completa
NIVEL:	Elemental a intermedio bajo
DURACIÓN:	20-30 minutos
PREPARACIÓN:	Opcionalmente, traiga un reproductor de CD. Escriba el esquema de la historia que se encuentra abajo y fotocópielo, póngalo en una transparencia o proyéctelo desde el ordenador Prepárese para contar de una manera especial la historia que se encuentra a continuación

1 Con niveles más bajos, para asegurarse de que entienden el vocabulario básico, ponga las siguientes palabras en la pizarra para que los alumnos las relacionen con su definición:

   burro   persona que cultiva alimentos
   pozo   animal gris usado para trabajar
   labrador agujero del que se extrae agua

2 Dígales, en su L1, que van a oír palabras y frases de una historia y que van a entender unas cuantas palabras, a medio entender otras, y tal vez a no entender algunas.

3 Dígales que cierren los ojos y que se concentren en su respiración. Luego, ponga la pista 6 del CD o cuénteles este esquema de una historia, haciendo pausas de 5 a 10 segundos entre cada una de las frases:

   un labrador, un labrador en España

   un burro, un burro… el labrador tiene un burro

   agua… agua en un pozo, en un pozo… agua en un pozo

   no hay agua en el pozo… no hay agua… el pozo está seco

   el burro en el pozo, no hay agua… el burro en el pozo

   el labrador piensa «el pozo está seco»… «no hay agua en el pozo»… «el pozo no sirve, el pozo está seco»

   el labrador arroja tierra sobre el burro en el pozo… el labrador arroja tierra encima del burro…

   el burro agita el lomo… el burro agita el lomo… la tierra cae… la tierra cae

110

SECCIÓN 3 ▸ VAMOS A CONTAR HISTORIAS

39 Comprender el vocabulario de una historia

el labrador arroja tierra tres horas… el burro agita el lomo tres horas… la tierra cae tres horas…

el burro salta fuera del pozo… el burro salta fuera del pozo… el burro se va corriendo, lejos, lejos.

<u>4</u> Dígales que se sienten y abran los ojos. Deje que vean el esquema de la historia anterior.

<u>5</u> Los alumnos le dicen las palabras que no comprenden, usted las pone en la pizarra y escribe los equivalentes en la L1 debajo de las palabras españolas (en letra pequeña).

<u>6</u> Dígales que apunten las palabras que no conocen y que las subrayen en un color si les gusta la palabra y en otro si no les gusta.

<u>7</u> Ahora, cuénteles la historia a su manera usando un lenguaje simple pero rico, utilizando el mimo, dibujando y, si es necesario, traduciendo con palabras simples.

<u>8</u> Finalice la lección preguntándoles, en L1 si es necesario, cuál creen que es la moraleja de la historia. Prepárese para aceptar todas las sugerencias.

SECCIÓN 3 ▸ VAMOS A CONTAR HISTORIAS

40 La historia de una ratoncita

CONTENIDOS:	Uso de las imágenes como «estimuladores» de la memoria
NIVEL:	Intermedio bajo a avanzado
DURACIÓN:	30 minutos
PREPARACIÓN:	Ninguna

1. Diga a los alumnos que se sienten cómodamente y cierren los ojos. Dígales que se concentren en cada mano y cada dedo de la mano, uno detrás de otro, y luego en cada pie y dedo del pie.

2. Luego, cuénteles esta historia, haciendo largas pausas, tras pedirles que se esfuercen en crear las mejores imágenes mentales que puedan.

   La ratoncita quería llegar al mar… Era una ratoncita del interior. Quería oler el aire del mar… oír las olas chocando con las rocas.

   Quería sentir la inmensidad del mar. Sus padres le dijeron: «¡No! El mar está demasiado lejos. Quédate en casa».

   Un día la ratoncita se dijo a sí misma: «Me voy al mar». Y se puso en camino. De pronto… ¡un gato! Se metió rápidamente en un agujero. Esperó toda la noche… Estaba segura en el agujero.

   La ratoncita siguió su camino. De pronto… ¡un perro!

   Se metió rápidamente en un agujero.

   Salió… miró con cuidado a la derecha… miró con cuidado a la izquierda…

   Sabía que el mundo era peligroso. La ratoncita siguió su camino. De pronto, se escucha un chillido encima de ella… detrás de ella. Un pájaro con grandes garras y ruidosas alas… La ratoncita se metió rápidamente en un agujero. Se escondió. Esperó. El pájaro se fue.

   La ratoncita siguió su camino. Siguió y siguió. Corriendo y corriendo. Olió la sal del aire. Oyó las olas que chocaban en las rocas.

   Estaba en un acantilado sobre el ancho mar…

   El sol se ponía sobre el agua.

3. La segunda vez, va a saltar fragmentos de la historia y va a intentar que los alumnos los reconstruyan. Cualquier alumno puede decir en voz alta las respuestas. Ayúdeles con gestos si ellos no dan con la palabra.

SECCIÓN 3 ▸ VAMOS A CONTAR HISTORIAS

40 La historia de una ratoncita

> La ratoncita quería llegar _____… Era una ratoncita del interior.
> Quería oler _____…
> Quería oír las olas chocando _____.
> Quería sentir la _____ del mar.
> Sus padres le dijeron: «¡No! El mar está demasiado lejos, _____».
> Un día la ratoncita se dijo a sí misma: «Me _____».
> Y se puso en camino. De pronto… ¡_____!
> Se metió rápidamente _____. Esperó _____… Estaba segura en el agujero.
> La ratoncita siguió su camino. De pronto… ¡_____!
> Se metió rápidamente en un agujero.
> Salió… miró con cuidado _____… miró con cuidado _____…
> Sabía que el mundo era _____.
> La ratoncita siguió su camino.
> De pronto, se escucha un chillido encima de ella… detrás de ella.
> Un _____ con _____ garras y ruidosas _____…
> La ratoncita se metió rápidamente en un agujero.
> Se _____. Esperó.
> El pájaro _____.
> La ratoncita siguió su camino.
> Olió _____ del aire.
> Oyó _____ que chocaban en las rocas.
> Estaba en un acantilado sobre _____…
> El sol _____ sobre el agua.

RECONOCIMIENTO

Aprendimos esta historia de Robert McCall, Hamburgo.

SECCIÓN 3 ▶ VAMOS A CONTAR HISTORIAS

41 Pan con sorpresa

CONTENIDOS:	Escribir una narración
NIVEL:	Elemental a avanzado
DURACIÓN:	40-50 minutos
PREPARACIÓN:	Ninguna

1. Asegúrese de que los alumnos saben lo que significa *soborno* y cualquier otra palabra del texto que no conozcan. Invíteles a relajarse y a que cierren los ojos. Dígales:

    Vamos a crear juntos una historia.

    «El barbero se sentó pesadamente en una silla junto a la mesa».

    Te doy 20 segundos para imaginar cómo era el barbero, Ivan Ivanovich.

    «Ivan Ivanovich dijo, '¿Y el desayuno?' Su esposa vertió té en su taza. Luego, con mucho ruido, puso una barra de pan sobre la mesa.»

    Te doy 20 segundos para decidir qué clase de mujer es.

    «Ivan cortó la barra de pan y una nariz humana cayó en la mesa».

    Te doy 20 segundos para imaginar cómo reaccionaron.

    «De camino al trabajo, Ivan tenía que cruzar el río Neva. Tenía mucho miedo».

    20 segundos para ver la escena con tu ojo mental.

    «Fue arrestado y el oficial de policía rehusó el soborno que le ofreció.»

    20 segundos para terminar la historia.

2. Diga a los alumnos que, de forma individual, escriban la historia que hayan imaginado.

3. Cada alumno da su historia a otro, que la lee cuidadosamente. Este se sienta con otro compañero y le cuenta la historia del primer alumno.

RECONOCIMIENTO

Esta historia está basada en el famoso cuento de Gogol.

SECCIÓN 3 ▶ VAMOS A CONTAR HISTORIAS

42 Un día en la vida de…

CONTENIDOS:	Comprensión lectora, narración de hechos cotidianos
NIVEL:	Intermedio bajo a avanzado
DURACIÓN:	30 minutos
PREPARACIÓN:	Hacer copias del texto que se encuentra después del punto 6. Opcionalmente, se pueden proyectar o entregar impresas las imágenes que se encuentran al final de esta actividad

1. Muestre las diapositivas (ver las imágenes 1-4 de la página 117).

2. Luego, haga a los alumnos las siguientes preguntas, dándoles tiempo entre una y otra para que tomen notas:

    Imagina a una persona que trabaja con una organización de voluntarios y vive en una pequeña ciudad caribeña. Intenta pensar cómo es un día para ella. Escribe las ideas que te surjan a partir de cada una de las siguientes preguntas:

    ¿Qué haría en cuanto se levantara? ¿Qué clase de cosas vería en la ciudad? ¿Qué tipo de relaciones tendría con la gente? ¿Qué haría en su tiempo libre?

3. Dígales que van a trabajar con un texto escrito por Maura Varley, una trabajadora del *Peace Corps* de Belice, en el que describe un día típico de su vida allí. (Se proporciona información sobre el país al final de esta actividad).

4. Divídalos en grupos de cuatro y dé a cada alumno uno de los cuatro párrafos del texto. Dígales que los lean en silencio dos o tres veces hasta que el texto les resulte familiar. Mientras hacen esto, puede ayudarles si hay palabras que no conocen.

5. Luego, en grupos, la persona que tiene el párrafo 1 comienza a contar (no a leer) en tercera persona su parte del texto de Maura en sus propias palabras: *Ella se levanta a las 6 y…*

6. Luego, la persona del párrafo 2, y así sucesivamente. Juntos reconstruyen el día de Maura.

    a. Empiezo el día a las seis de la mañana bañándome con cubos de agua caliente y tomando una taza de café guatemalteco. A diferencia de lo que se podría pensar, es difícil encontrar buen café en Belice, así que es todo un regalo. Después del desayuno, voy en bicicleta a Gwen Lizarraga o a Excelsior High School, las dos escuelas donde trabajo. La ciudad es pequeña y solo tardo unos quince minutos, de modo que la bicicleta es un medio de transporte útil en la ciudad. No necesito un coche para nada.

SECCIÓN 3 ▸ VAMOS A CONTAR HISTORIAS

42 Un día en la vida de…

  b. Parte del día lo dedico a aconsejar a los estudiantes sobre sus vidas, lo que me proporciona cosas nuevas para pensar cada día. Puedo estar un minuto hablando con Tyrone de sus problemas con la violencia y su vinculación con las bandas y en seguida charlo con Mikal de sus éxitos en el fútbol. He descubierto que, bajo su aspecto de dureza, muchos jóvenes con problemas de Belice están luchando en su interior y escondiendo su sensibilidad. Tengo la suerte de estar en una posición que me permite ver este lado de ellos. Llevan una vida dura.

  c. La mayoría del tiempo lo paso hablando de nuevas ideas o desarrollando programas con los otros dos orientadores de la escuela. Una de ellas, Carolyn, me sorprende por ser capaz de llevar una vida con dos niños pequeños, un trabajo a tiempo completo y estudios en la universidad. Esta manera de vivir es muy corriente entre muchos jóvenes profesionales de Belice porque la educación se valora mucho. A la gente de Belice, le encanta hablar, por eso dedico muchas horas a conversar con los orientadores, los profesores y el personal de la escuela. Esto está muy aceptado como parte del trabajo de cada día.

  d. Hacia las cuatro o cinco de la tarde, me voy a casa. Si tengo que quedarme hasta tarde para asistir a una reunión de padres, los estudiantes me acompañan a casa en sus bicicletas. Por la tarde, salgo a correr, compro fruta a un vendedor salvadoreño que me saluda en español, voy por agua y pan a la tienda de la esquina o voy a escuchar los últimos cotilleos que a mi vecina, que se para a hablar conmigo, le gusta mucho contar. Después de preparar la cena y comer, me pongo a leer o a escribir cartas o voy a visitar a amigos.

7 Como tarea final, puede hablar con los alumnos de lo siguiente:

  a. *Cuántas cosas del texto coincidían con las que habían imaginado.*

  b. *En qué se diferencia un día de Maura de los suyos.*

NOTAS

Activar las imágenes sobre un tema puede preparar a los estudiantes para su lectura. Las imágenes de su mente pueden ayudar a llenar los huecos de sus conocimientos lingüísticos y a concretar los posibles significados de palabras desconocidas.

SECCIÓN 3 ▶ VAMOS A CONTAR HISTORIAS

42 Un día en la vida de…

RECONOCIMIENTO

Damos las gracias a Maura Varley por permitirnos usar una versión de su historia.

BELICE

Belice, territorio conocido como Honduras británica hasta 1981, es un pequeño país que se encuentra en el lado caribeño de Centroamérica. En sus costas hay muchos arrecifes de coral y el 60 % del país está compuesto de selvas tropicales. Tiene una población de unos 275 000 habitantes, algunos de los cuales descienden de los indios mayas que vivían allí originalmente. Aunque la lengua oficial es el inglés, muchas personas hablan español.

SECCIÓN 3 ▶ VAMOS A CONTAR HISTORIAS

43 Vivir mi día otra vez

CONTENIDOS:	Verbos en pasado, actividades escritas
NIVEL:	Intermedio a avanzado
DURACIÓN:	40-50 minutos; 10 minutos en la clase siguiente
PREPARACIÓN:	En la clase previa, pida a los estudiantes, como un juego para preparar algo que van a hacer en la clase siguiente, que estén especialmente atentos a sus actividades el resto de ese día o del día anterior a la siguiente clase, que intenten fijarse en lo que hacen y en lo que piensan

LECCIÓN 1

1 Diga a los alumnos que va a comprobar cómo es su memoria. Usted les va a hacer preguntas sobre lo que han hecho desde la última clase y ellos intentarán ver mentalmente cada momento para poder contestar las preguntas. Dígales que hará una pausa tras cada grupo de preguntas y que les dejará tomar notas, en las que podrán incluir los pequeños detalles que recuerden.

Recuerda el momento en que saliste de clase. ¿Cómo te sentías después de clase? ¿Qué hiciste las dos horas después de salir de clase el último día? Trata de verte en ese momento y escribe todas las cosas que puedas.

Intenta verte ahora cuando te preparabas para cenar. ¿Dónde cenaste? ¿Con quién estabas? ¿Qué fue agradable o desagradable en la cena?

¿Qué hiciste después de cenar? ¿Era lo que querías hacer? ¿Había algo que querías hacer y que no hiciste?

Al terminar el día, ¿estabas contento de lo que habías hecho? Si no fue así, ¿cómo te sentías? ¿Por qué? ¿Pensaste cómo iba a ser el siguiente día?

Intenta ahora verte cuando te levantabas hoy. ¿Qué pensabas al despertarte? ¿Cómo veías el día que tenías por delante: estabas entusiasmado, preocupado, interesado? ¿Tenías objetivos o planes específicos para el día? Trata de recordar todo lo que has hecho hasta ahora. ¿Cuáles son las tres cosas más interesantes que han ocurrido? No tienen por qué ser cosas grandes ni importantes.

2 A partir de sus notas, los alumnos inventan un personaje y escriben sobre él en tercera persona usando la información que está en las notas y añadiendo detalles, acontecimientos, etc., para crear una buena narración sobre la vida de sus personajes. (Esto puede resultar más fácil después de haber realizado la actividad 42). Los alumnos entregan sus narraciones al final de la clase.

SECCIÓN 3 ▶ VAMOS A CONTAR HISTORIAS

43 Vivir mi día otra vez

LECCIÓN 2

Lea en voz alta varias narraciones (o todas, si el número de estudiantes lo permite) para ver si la clase puede adivinar quién las ha escrito.

VARIACIÓN

Como deberes de casa informales, o voluntarios, diga a los alumnos que observen cuidadosamente cómo transcurre otro día y comprueben si esta vez son capaces de hacerlo con más atención.

NOTA

Si los estudiantes desarrollan su capacidad de atención, el aprendizaje, incluyendo el aprendizaje de una lengua, será más eficaz. Reforzar la atención es un poderoso «efecto colateral» de esta actividad.

SECCIÓN 3 ▸ VAMOS A CONTAR HISTORIAS

44 ¿Qué clase de padre?

CONTENIDOS:	Audición que conduce a imágenes y estas a la escritura
NIVEL:	Elemental a avanzado
DURACIÓN:	30-60 minutos
PREPARACIÓN:	Familiarícese con las acciones y las palabras que se encuentran a continuación para que pueda hacer la primera parte de la actividad

1 Diga a los alumnos que se levanten y se pongan delante de usted. Tendrán que imitar exactamente lo que usted haga y diga:

ACCIONES	PALABRAS
De pie, en actitud relajada mire su reloj.	¡Oh, no!
Agite la cabeza lentamente.	*Va a llegar tarde.*
Mire hacia arriba y levante la cabeza.	*¡Juan! ¡Juan!*
Incline la cabeza como si escuchara.	(con voz más alta) *¡Juan!*
Agite la cabeza.	*¡Levántate, Juan!*
Haga como que sube escaleras (no se mueva del sitio).	(habla consigo mismo) *Va a llegar tarde, muy tarde…*
Dé golpecitos sobre una «puerta».	*¡Juan! ¡Levántate, vas a llegar tarde al colegio!*
Dé golpes mucho más fuertes.	*Vamos Juan, date prisa…*
Abra la «puerta».	*¿Qué? ¿Dónde está Juan?*
Escuche.	*¡Oh, lo siento! ¡Estás en el baño! ¡Qué tonto soy!*

2 Dé las gracias a los alumnos por su ayuda. Dígales que se sienten y deles un momento para descansar. Dígales que inspiren y luego exhalen muy lentamente cinco veces.

SECCIÓN 3 ▸ VAMOS A CONTAR HISTORIAS

44 ¿Qué clase de padre?

<u>3</u> Dígales que contesten a estas preguntas mentalmente, imaginando la breve historia de la vida del padre cuando era niño:

¿Qué edad tiene el padre?
¿Cómo era cuando era niño?
¿Cómo le iba en el colegio?
¿Cómo era cuando fue adolescente?
¿Cómo trataba a su padre?
¿Cómo lo trataba su padre a él?
¿Cómo era su madre?

<u>4</u> Ahora, dígales que trabajen individualmente y escriban en una página un retrato o historia del padre cuando era niño.

<u>5</u> Divida a los alumnos en grupos de cuatro para que lean sus textos y hablen de lo que significa ser padre o madre. Haga unas cuantas preguntas que sean apropiadas según la edad de sus estudiantes.

NOTA

Las profesoras pueden usar «una madre» en vez de «un padre».

RECONOCIMIENTO

Aprendimos la idea de la «imitación en grupo» de Bernard Dufeu.

SECCIÓN 3 ▸ VAMOS A CONTAR HISTORIAS

45 El final de la historia

CONTENIDOS:	Escritura
NIVEL:	Elemental a avanzado
DURACIÓN:	30 minutos
PREPARACIÓN:	Haga copias del comienzo de una historia o utilice la que se encuentra a continuación

1 Reparta el comienzo de la historia. Diga a los alumnos que lo lean.

> *El fantasma que salió de un libro*
>
> *Había una vez un pequeño fantasma que vivía en un libro. Un libro de historias de fantasmas, por supuesto. A veces la gente lo veía y pensaba que era una especie de marcador de páginas pero, en general, la gente no lo veía nunca. Cuando alguien abría el libro para leerlo, el fantasma se salía de las páginas y volaba por la habitación, mirando a la gente y las cosas de la gente. Luego, cuando el fantasma veía que la persona que leía el libro se estaba durmiendo o acabando la historia, se deslizaba dentro del libro y se escondía de nuevo entre las páginas. Había una página que le gustaba especialmente, que tenía una ilustración de una casa encantada.*
>
> *Una noche, un niño estaba leyendo las historias de fantasmas y el fantasma salió del libro como hacía siempre. Voló por lo alto de la habitación y miró las telarañas que había en las esquinas del techo. Tiró de las telas y salieron las arañas, pensando que habían cazado algo. Entonces el pequeño fantasma les gritó «¡Buh!» y las asustó tanto que volvieron a sus agujeros y esquinas a esconderse. Mientras el fantasma hacía esto, entró la madre del niño, cerró el libro, besó a su hijo y apagó la luz, todo en un segundo o dos. Al cerrar el libro, el fantasma se quedó fuera, en el mundo que era aquella casa.*
>
> *«Bueno», dijo el fantasma, bastante contento…*

2 Diga a la clase que van a saber más cosas del pequeño y curioso fantasma de la historia, que preparen lápiz y papel. Dibuje seis marcos para cuadros en la pizarra. Dígales que los dibujen ellos también en papel y que van a ver cómo continúa la historia del fantasma. Luego diga, con voz suave y tranquila:

> Has leído parte de la historia del pequeño fantasma. Me pregunto cómo continuará la historia. ¿Qué habrá en el primer cuadro? Cierra los ojos y averigua qué es lo que va a pasar. Tal vez puedas ver el cuadro con mucha claridad, o quizá solo obtengas una idea vaga de lo que va a ocurrir. Averígualo sin ninguna prisa. Cuando hayas acabado con el cuadro 1, abre los ojos y dibuja una versión rápida del cuadro o escribe unas palabras en el marco 1.

SECCIÓN 3 ▶ VAMOS A CONTAR HISTORIAS

45 El final de la historia

3   Dé tiempo a los alumnos. Luego siga:

> Ahora vas a averiguar qué pasa en el cuadro 2. ¿Puedes imaginar lo que hay en él? De nuevo, tómate todo el tiempo que necesites. Luego abre los ojos otra vez y dibuja el cuadro 2 o escribe palabras en el marco 2. No tengas prisa. Luego, haz lo mismo con el resto de la historia. Cierra los ojos siempre que lo necesites para acabar la historia. Hazlo a tu ritmo.

4   Cuando hayan acabado, divídalos en grupos de tres. Pídales que compartan lo que han pensado, que construyan una versión conjunta de la historia y que decidan cómo quieren contársela al resto de la clase.

5   Los alumnos se sientan formando un círculo. Cada grupo cuenta su historia a la clase.

Estos dibujos son originales de Concha González.

VARIACIONES

1   Después de compartir la historia en grupos, de forma oral, los alumnos escriben una versión conjunta que se pasa a los demás grupos.

2   Tras completar los seis cuadros, escriben sus historias de forma individual y luego, en grupos de tres, leen sus versiones a los demás.

RECONOCIMIENTO

Margaret Mahy, «The Ghost who Came out of a Book», en *Never Meddle with Magic and Other Stories*, seleccionado por Barbara Ireson, Puffin Books, 1988.

SECCIÓN 3 ▶ VAMOS A CONTAR HISTORIAS

46 Escribir a partir del sonido de la música

CONTENIDOS:	Escritura
NIVEL:	Intermedio bajo a avanzado
DURACIÓN:	40-50 minutos
PREPARACIÓN:	Seleccione varios fragmentos musicales cortos o utilice la selección que está en el CD

1. Diga a los alumnos que va a ayudarlos a escribir una gran historia, y que va a hacerlo poniendo música y haciendo unas cuantas preguntas.

2. Ponga el primer fragmento musical y pregunte mientras lo escuchan:

    Intenta ver una película mentalmente. ¿Dónde transcurre? ¿Qué ves? ¿Cuál es el aspecto de la gente? ¿Tienen algo especial? ¿Qué hacen? ¿Están dentro o fuera? ¿Cómo es el sitio donde están? ¿Qué oyes? ¿Hueles a alguna cosa? ¿Qué tiempo hace? ¿Hace frío o calor?

3. Cuando la música termine, ponga pausa y diga que escriban cosas sobre la película que tenían en mente mientras escuchaban la música y pensaban las preguntas.

4. Ponga los siguientes fragmentos musicales, preguntando cada vez: *¿Qué está pasando ahora?* Haga todas las preguntas que puedan ayudar a sus alumnos a crear la historia (*¿Quién sale en la película? ¿Cómo reaccionan? ¿Adónde van ahora? ¿Por qué van allí? ¿Cómo termina esto?*...). Haga una pausa tras cada fragmento musical para que escriban detalles de lo que están imaginando.

5. Los alumnos vuelven sobre sus notas y escriben su historia. Cuando terminen, pídales que, en grupos de tres, se pasen las historias unos a otros para leerlas. A ellos les puede interesar ver cómo, a partir de los mismos estímulos, cada uno crea historias que pueden ser muy distintas.

NOTA

La música tiene una gran facilidad para producir imágenes y conectar con nuestras emociones. Por este motivo, resulta muy útil en la fase de generación de ideas de las actividades de escritura.

RECONOCIMIENTO

Esta actividad se la vimos hacer por primera vez a Carmen Fonseca.

SECCIÓN 3 ▸ VAMOS A CONTAR HISTORIAS

47 Escritura guiada

CONTENIDOS:	Hablar y escribir
NIVEL:	Intermedio bajo a avanzado
DURACIÓN:	40-50 minutos
PREPARACIÓN:	Ninguna

1. Divida a los alumnos en parejas o pídales que se muevan por el aula y se pongan en parejas cuando usted diga que paren y se sienten juntos.

2. Explíqueles que la persona A de la pareja va a recordar a una persona mayor que conoce bien (una tía, un abuelo, etc.). Dígales que piensen cómo viste esta persona, cómo es su voz y cómo se sentaría.

3. Diga a los A que se sienten como la persona que han recordado, y que asuman el papel de esa persona. El alumno B la entrevista durante cinco minutos, preguntándole cosas sobre su vida.

4. Luego se intercambian los papeles y es el alumno B el que asume el rol de una persona mayor que conozca.

5. Ahora explique que cada miembro de la pareja va a escribir una página asumiendo el papel de la persona mayor de su compañero. Escriben en primera persona, tratando de imitar en su escritura el tono usado por su compañero al representar a esa persona. Deje que escriban de diez a quince minutos.

6. Los compañeros se leen sus textos uno al otro y deciden si el escritor ha captado bien la esencia de la persona mayor descrita.

VARIACIÓN

Esta actividad puede hacerse también si los estudiantes piensan en otras personas que conocen (por ejemplo, un buen amigo) o que no conocen (una persona famosa, por ejemplo) de las que puedan imaginar cómo es su vida, y asumen ese papel.

SECCIÓN 3 ▸ VAMOS A CONTAR HISTORIAS

48 Escribir a partir de ilustraciones

CONTENIDOS:	Escritura
NIVEL:	Intermedio bajo a avanzado
DURACIÓN:	40-50 minutos de una clase y 15-30 minutos de otra
PREPARACIÓN:	Tener el ordenador preparado para proyectar las fotos o fotocopiarlas para repartir

LECCIÓN 1

1. Las fotos o los dibujos pueden ser un gran estímulo para la escritura en una lengua extranjera. Fuera del aula, lo normal es escribir la historia primero y luego añadir las ilustraciones. Sin embargo, aquí vamos a hacer lo contrario: dar a los alumnos unas ilustraciones y dejar que creen una historia a partir de su imaginación. Muestre las ilustraciones y haga estas preguntas u otras que invente. Deje que tomen notas después de cada una. Quizá sea útil mostrar las ilustraciones una segunda vez.

Vamos a ver varias fotografías. Intenta crear una película mental de lo que está pasando: Imagina el edificio donde transcurre la historia. ¿Quién vive aquí? ¿La gente que vive aquí acaba de llegar o de salir? ¿Cómo es la calle de fuera? ¿Qué ha ocurrido aquí?

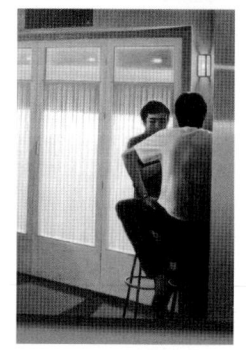

¿Quiénes son estas personas? ¿Por qué están aquí? ¿De qué están hablando? ¿A qué se dedican?

SECCIÓN 3 ▶ VAMOS A CONTAR HISTORIAS

48 Escribir a partir de ilustraciones

¿Dónde está este teléfono? ¿Quién va a usarlo? ¿A quién van a llamar? ¿Qué van a decir?

¿Qué ha sucedido antes de esta escena? ¿Adónde conduce este pasillo?

¿Quién usa este garaje? ¿Va a entrar alguien en el garaje? ¿O a salir?

¿De quién es este coche? ¿Adónde va? ¿Por qué?

¿Dónde transcurre esta escena? ¿Qué sucede aquí?

2 Los alumnos escriben historias a partir de sus notas, utilizando las escenas, aunque no tienen que usarlas todas. Recójalas y corríjalas.

127

SECCIÓN 3 ▸ VAMOS A CONTAR HISTORIAS

48 Escribir a partir de ilustraciones

LECCIÓN 2

<u>1</u> Al comienzo de la clase, los alumnos pueden reescribir sus historias, incorporando las correcciones. Luego trabajan en grupos de tres. Cada uno lee las historias de los otros dos y hablan de lo que tienen en común y de lo que las diferencia.

<u>2</u> Después, cada grupo dice al resto de la clase una cosa que era común a todas las historias y una cosa que era distinta.

Sección 4

Imágenes del tiempo y del espacio

SECCIÓN 4 ▶ IMÁGENES DEL TIEMPO Y DEL ESPACIO

49 Mis sitios preferidos

CONTENIDOS:	Descripción de lugares concretos
NIVEL:	Elemental a avanzado
DURACIÓN:	20-30 minutos
PREPARACIÓN:	Ninguna

1 Diga a los alumnos que se sienten cómodamente y que cierren los ojos, si quieren. Van a pensar en tres lugares:

Primero, piensa en tu sitio preferido en tu casa o piso.

Observa la luz que hay en este sitio preferido, y los colores. Fíjate en lo que oyes en este sitio. ¿Cómo te sientes cuando estás allí?

Segundo, quizá haya una calle, una esquina, un lugar junto al mar que te gusta en tu ciudad o pueblo. ¿Es tu imagen de este sitio tranquila, ruidosa… u otra cosa? ¿Y los olores de este sitio? ¿Y la temperatura?

Este lugar… ¿en verano, en primavera o en invierno?

Finalmente, ¿te acuerdas de unas vacaciones recientes que te gustaran?

¿Hay algún lugar al que fuiste en esas vacaciones que te gustara mucho?

¿Cómo es? ¿Es grande la imagen mental que has creado? Esa imagen… ¿la tienes cerca?

¿Puedes observar sonidos? ¿Ruidos? ¿Voces cercanas? ¿Voces lejanas? ¿Ruidos de animales? ¿Aviones que vuelan?

¿Cómo sería este sitio en una época del año distinta a cuando fuiste?

¿Qué cambiarías en este sitio para hacerlo mejor?

2 Traiga a los alumnos «de vuelta» de sus pensamientos y dígales que vayan andando por el aula. Cuando diga: «¡PARA!», forman parejas con la persona de al lado.

3 Diga a las parejas que cada uno de los dos integrantes tiene 90 segundos para describir el primer sitio, el de sus casas. Controle el tiempo y grite: *¡90 segundos!*, para que el segundo comience su descripción. Luego, dígales que paseen de nuevo por el aula hasta que usted diga «¡PARA!» y entonces se emparejan con otra persona. Deles de nuevo tres minutos para que describan el segundo sitio.

4 Repetir todo para la descripción del tercer sitio.

SECCIÓN 4 ▶ IMÁGENES DEL TIEMPO Y DEL ESPACIO

49 Mis sitios preferidos

NOTA

Limitar el tiempo para llevar a cabo una actividad oral puede ser un poderoso instrumento para ayudar a los estudiantes a concentrarse, a decir más cosas y a decirlas mejor.

RECONOCIMIENTO

La idea de trabajar con los sitios preferidos procede de Christine Frank *et al.*, *Grammar in Action Again*, Prentice Hall, 1987.

SECCIÓN 4 ▸ IMÁGENES DEL TIEMPO Y DEL ESPACIO

50 Dejar que fluyan las imágenes

CONTENIDOS:	Destreza oral
NIVEL:	Intermedio bajo a avanzado
DURACIÓN:	15 minutos
PREPARACIÓN:	Opcionalmente, traiga un reproductor de CD

1. Los alumnos se sientan uno frente al otro y, si es posible, un poco apartados de las demás parejas. Si el número total de estudiantes es impar, participe usted en la actividad. Quizá sea más eficaz hacer una demostración previa con un voluntario para que todos entiendan bien las instrucciones cuando usted se las dé.

2. Dígales que se sienten cómodamente y, con voz tranquila, diga lo siguiente:

   Dentro de un momento vas a encender tu pantalla visual mental.
   Luego, espera hasta ver o sentir un lugar. Puede ser real o imaginado, el lugar donde vives, un lugar al que hayas viajado, que hayas visto en una película o que inventes por completo. Empezarás describiéndoselo a tu compañero, diciendo dos o tres frases y luego parando. Tu compañero seguirá describiendo lo que tú empezaste, añadiendo dos o tres frases y luego parando. Haz esto unas cuantas veces, siguiendo el flujo de imágenes que se va produciendo. Será más fácil si cierras los ojos. Ahora, vamos a comenzar. Enciende la pantalla mental y empieza.

3. Deles de 4 a 5 minutos. Luego, tranquilamente, dígales que pueden disponer de un minuto más para acabar.

4. Cada pareja describe a otra pareja el lugar que han imaginado. Luego, con toda la clase comentan si ha sido fácil o difícil y cómo se han sentido llevando a cabo la actividad.

VARIACIONES

1. Si lo permite el tiempo, esta actividad se puede hacer al aire libre.

2. Para lograr un efecto muy diferente, puede hacerse como proyecto *online* emparejando alumnos de distintas clases, ciudades o países. Mediante un formato de *chat*, se van turnando hasta completar el flujo de imágenes. Luego pueden imprimir el producto final o escribirlo a mano y traerlo a la clase para convertirlo en un póster o en una publicación de clase (sugerencia de Javier Ávila).

SECCIÓN 4 ▶ IMÁGENES DEL TIEMPO Y DEL ESPACIO

50 Dejar que fluyan las imágenes

NOTA

Aprendimos una versión de esta actividad de Tim Murphey (1998a:10), que sostiene que la teoría subyacente a una actividad basada en el flujo de imágenes como esta es que «conecta distintas partes de nuestro cerebro por medio de palabras y de la visualización, estimulando nuevas conexiones y nuevos aprendizajes». Al mismo tiempo, incorpora un cúmulo de significados personales a la tarea que se realiza. Jane la llevó a cabo con un grupo de estudiantes de Máster de ELE en las islas Canarias, y, en una de las parejas, el primer alumno empezó a describir un paseo por Sevilla, donde había sido estudiante unos años antes. Por casualidad, su compañero también había estudiado allí, de modo que añadió cosas que recordaba al flujo de imágenes. Después, los dos señalaron lo mucho que habían disfrutado «volviendo» a Sevilla en esta actividad.

SECCIÓN 4 ▸ IMÁGENES DEL TIEMPO Y DEL ESPACIO

51 Recuerda aquel entonces

CONTENIDOS:	Tiempo pasado, destrezas escrita y hablada
NIVEL:	Intermedio bajo a avanzado
DURACIÓN:	30-40 minutos
PREPARACIÓN:	Proyecte la foto desde el ordenador o prepare una foto grande y antigua de un grupo de escolares. Alternativamente, puede comenzar en el punto 3

1. Proyecte esta foto o muestre otra antigua de un grupo de escolares.

2. Si utiliza esta foto, diga a los alumnos que se trata de una escuela de Kansas en 1925. Dígales que escriban las diferencias que ven con la escuela a la que ellos fueron de niños y cómo imaginan que eran las vidas de estos niños. En parejas, cada uno comparte ideas con su compañero.

3. Cuente a la clase alguna cosa que usted recuerde de su niñez. Luego, de modo individual, los estudiantes hacen una lista de seis a ocho categorías de cosas que recuerden de cuando eran niños. Por ejemplo, el alumno A podría incluir: *mi juguete favorito, lo que me gustaba más para desayunar, un amigo o mi maestro preferido*. No ponen el ejemplo concreto, sino la categoría.

SECCIÓN 4 ▶ IMÁGENES DEL TIEMPO Y DEL ESPACIO

51 Recuerda aquel entonces

4 Sentados con su compañero y utilizando sus listas de cosas, los alumnos A piden a los B que les digan cosas que recuerdan relacionadas con las categorías incluidas en su propia lista. Los A hacen esto del modo siguiente:

Recuerda tu niñez y dime cuál era tu juguete preferido…
Recuerda tu niñez y dime qué era lo que más te gustaba desayunar…
Recuerda tu niñez y cuéntame cosas de algún amigo…

5 Luego los alumnos B preguntan a los A cosas de las listas de los B. Cuando los dos hayan terminado de recordar, comentan la experiencia brevemente.

RECONOCIMIENTO

Jean Houston (1982:87-8) ha desarrollado una actividad similar a esta tras observar que las personas con buena memoria solían recordar imágenes y acontecimientos de su niñez. Afirma que cuando activamos «los recuerdos de la niñez, al parecer estamos favoreciendo en general los bancos de memoria, de modo que si lo practicamos con frecuencia mejoraremos sustancialmente todos los aspectos de la memoria y el recuerdo».

SECCIÓN 4 ▸ IMÁGENES DEL TIEMPO Y DEL ESPACIO

52 Empezar desde espacios

CONTENIDOS:	Escribir descripciones
NIVEL:	Intermedio bajo a avanzado
DURACIÓN:	40 minutos
PREPARACIÓN:	Ninguna

1. Diga a la clase:

   Cierra los ojos si quieres y concéntrate en tu respiración. Escucha todo lo que puedas oír dentro de tu cuerpo o fuera de la habitación. Voy a pedirte que imagines varios sitios distintos.

   Deje transcurrir 10 segundos entre cada una de las frases.

   Salir de un bosque

   Caminar al lado de un riachuelo

   Sentarse en lo alto de una colina

   Escuchar al viento que sopla desde el mar

   Cruzar una plaza de una ciudad

   Mirar desde el piso 10 de un edificio urbano

   Buscar una cosa en un sitio oscuro

   En un sillón de casa

   En la cama en un sitio extraño

2. Cada alumno, de forma individual, elige tres de estos espacios y escribe un párrafo sobre cada uno de ellos.

3. Divídalos en grupos de cuatro. Cada uno lee su texto al grupo.

SECCIÓN 4 ▸ IMÁGENES DEL TIEMPO Y DEL ESPACIO

53 Subir en un globo

CONTENIDOS:	Léxico de rasgos geográficos; verbos de acción; revisión del presente progresivo
NIVEL:	Intermedio bajo a intermedio
DURACIÓN:	15-20 minutos
PREPARACIÓN:	Opcionalmente, traiga un reproductor de CD

1. Enseñe previamente un conjunto de términos geográficos como:

> ciudad   pueblo   calle   autopista
>
> plaza del mercado   callejuela   colina   montaña,
>
> acantilado   río   lago   estanque   mar   costa,
>
> playa   bosque   campo   parque

2. (PISTA 8) Pregunte a los alumnos si en sus sueños, o cuando sueñan despiertos, han tenido alguna vez la sensación de volar. Dígales que se sienten cómodamente y ponga el reproductor de CD (pista número 8) o diga en voz pausada:

> *Me gustaría que imaginaras que ves un globo multicolor de aire caliente. Hace un día precioso. Estamos en una playa en algún lugar. Caminamos hacia el globo. Te invitan a meterte en la cesta. Vamos a subir en globo.*
>
> *Estamos subiendo suavemente… es una sensación maravillosa… hay una ligera brisa… Cuando miras hacia abajo, ves un bonito bosque y, junto a él, campos de maíz y, más cerca, un prado. Hay varias personas. Están jugando con un balón. A cierta distancia del grupo hay un hombre detrás de un puesto de helados. Varios niños hacen cola para comprar helados.*
>
> *Ahora, cuando miras hacia el otro lado del globo, ves el mar. Hay unos cuantos veleros y gente con tablas de surf. Disfrutan de la brisa, surfeando costa arriba y costa abajo.*

3. Dígales que vuelvan al aquí y ahora del aula. Dígales que trabajen en parejas y que se guíen uno al otro en su imaginación, subiendo en globo, o volando en planeador o con un ala delta. Pueden guiar a su compañero a través de un lugar que conozcan de verdad o de otro inventado.

SECCIÓN 4 ▸ IMÁGENES DEL TIEMPO Y DEL ESPACIO

53 Subir en un globo

<u>4</u> Si es necesario, escriba varias frases-guía en la pizarra. Por ejemplo:

Estás	*volando sobre la ciudad.*
Estamos	*pasando con el globo por encima de…*
Estoy	*acercándonos a…*

Veo coches. Van hacia… Un coche deportivo está adelantando…

Debajo de mí/ de nosotros/ de ti hay un grupo de gente joven. Van (montados en sus bicicletas…).

<u>5</u> Dé tiempo a los alumnos para que se guíen uno al otro en su imaginación. Luego, pueden volver a la visualización que imaginaron y escribir un texto como si todavía estuvieran allí (*Ahora voy en un pequeño planeador. Mi avión vuela por encima de un bonito paisaje. Veo algunas personas. Están…*).

SECCIÓN 4 ▸ IMÁGENES DEL TIEMPO Y DEL ESPACIO

54 El lago del bosque

CONTENIDOS:	Escritura poética (haiku)
NIVEL:	Intermedio bajo a avanzado
DURACIÓN:	40-50 minutos
PREPARACIÓN:	Haga copias de este haiku para todos los estudiantes o escríbalo en la pizarra

> Un silencioso estanque…
> Una gorda rana salta,
> Otra vez silencio

Opcionalmente, traiga un reproductor de CD

1. Reparta el poema a los alumnos. Cuando lo hayan leído, explique que el poema es un haiku y que este poema tradicional japonés se componía de tres versos de 5, 7 y 5 sílabas respectivamente. Los poemas, por lo general, describen muy brevemente un lugar, real o imaginario, a menudo relacionado con la naturaleza o con alguna de las estaciones. Cuando se empezaron a escribir haikus en inglés, en los años 50, se adoptó esta forma de 5, 7 y 5 sílabas. Estos poemas se han denominado *Haikus tradicionales ingleses*. Con los años, los poetas han terminado escribiendo haikus en inglés con menos sílabas, casi siempre en tres segmentos que siguen el patrón corto-largo-corto, pero sin una estructura tan rígida. Este estilo se ha denominado «haiku de estilo libre». En español, Octavio Paz contribuyó a la difusión del género con la traducción al español, en colaboración con Eikichi Hayashiya, de uno de los clásicos del género, *Oku no Hosomichi* (*Sendas del Oku*) de Matsuo Basho, en 1956. Autores como Borges y Benedetti también han cultivado el género. El poema que han leído es la traducción de un haiku escrito por Matsuo Basho (1644-1694).

PISTA 9

2. Dígales que vuelvan a leer el haiku. Deben sentarse cómodamente, cerrar los ojos e imaginar la situación descrita en el haiku. Ponga el CD (pista número 9) o, con voz relajada y tranquila, diga:

> Sea lo que sea lo que estás pensando ahora… concentra tu atención en ti mismo… y cuando empieces a distraerte… reconócelo… y vuelve tranquilamente a concentrar tu atención en ti mismo… Y siente tu contacto con la silla en la que estás sentado… el contacto de los pies con el suelo y la tierra que está debajo. Aún podría haber pensamientos y recuerdos que te distraigan… reconócelos y líbrate de ellos… como si fueran una nube que aparece en el cielo y se desvanece de nuevo… Permítete a ti mismo estar atento y concentrado. Me gustaría invitarte a dar un corto paseo conmigo… a un lugar maravilloso en un bosque… siente la tierra blanda

SECCIÓN 4 ▸ IMÁGENES DEL TIEMPO Y DEL ESPACIO

54 El lago del bosque

bajo tus pies mientras vas caminando… huele el fresco aroma de las flores… escucha el sonido del silencio… solo ocasionalmente interrumpido por el hermoso canto de un pájaro… Y mientras caminas, verás que hay un claro delante de ti… ves la luz del sol allí delante… y mientras te vas acercando al claro, verás también un hermoso lago y la luz del sol reflejada en la superficie del agua…

Ahora estás delante del lago… es un lugar hermoso… tan tranquilo… la superficie del agua está tan calmada… Mira a tu alrededor hasta que veas las piedrecitas del fondo… escoge una, mírala, levántala y ponla delante del sol… y luego arrójala al centro del lago… oirás cómo entra en el agua… cómo se va hundiendo poco a poco… puedes ver las ondas extendiéndose en todas direcciones… la piedrecita se hunde cada vez más hondo… las olas se extienden más y más… más y más hondo… más y más anchas…

3 Diga a sus alumnos que se mantengan en paz consigo mismos un momento más. Luego anímelos a que escriban su propio haiku basándose en la experiencia de sus imágenes mentales.

Si le parece bien, ponga música mientras escriben. Dígales que sus haikus deben ser «una imagen con palabras» y que no pongan sus nombres en el papel.

4 Si quiere dar otro ejemplo de haiku, puede crear uno usted mismo.

5 Diga a los alumnos que peguen sus haikus en las paredes del aula. Luego, pasean por la clase y leen los poemas. Finalmente, tratan de averiguar quién ha escrito cada uno y por qué.

SECCIÓN 4 ▶ IMÁGENES DEL TIEMPO Y DEL ESPACIO

55 Formas en espacios

CONTENIDOS:	Repaso de vocabulario
NIVEL:	Elemental a intermedio
DURACIÓN:	10-15 minutos
PREPARACIÓN:	Para repasar las palabras que designan formas y las preposiciones de lugar, dé a cada alumno una copia de la hoja de formas que se encuentra al final de esta actividad. De modo alternativo, seleccione el léxico que quiera repasar con sus alumnos y diseñe una hoja siguiendo el ejemplo de la hoja de formas. Para la variación, dé una copia del mapa a cada alumno

1. Reparta una copia de la hoja de trabajo (está al final de esta actividad) a cada alumno. Explique que va a darles unos minutos para que intenten recordar con su ojo mental los dibujos que hay en cada cuadro de la hoja de trabajo con toda la precisión que puedan. Hágales ver cómo deben mirar el primer cuadro, cerrar los ojos e intentar recordarlo con los ojos cerrados, abrir los ojos para ver si su imagen interna era correcta, cerrar los ojos otra vez y abrirlos de nuevo. Este proceso deben seguirlo con cada uno de los ocho cuadros, repasando además los que ya hayan almacenado en su mente.

2. Explíqueles que ahora van a escuchar con los ojos cerrados la descripción que va a hacer de uno de los cuadros. Deberán imaginarlo con los ojos cerrados, abrirlos después y escribir el número que usted haya dado al cuadro que crean que fue descrito.

3. Dígales que cierren los ojos. Diga con voz tranquila:

    En el cuadro 1 hay un rectángulo gris. Encima de él hay un círculo gris. Encima del círculo gris hay un triángulo negro.

    Una vez más: en el cuadro 1 hay un rectángulo gris. Encima de él hay un círculo gris. Encima del círculo gris hay un triángulo negro. Ahora, abre los ojos. Decide cuál es el cuadro que he descrito y escribe «1». Cierra los ojos de nuevo.

    En el cuadro 2 hay un círculo blanco dentro de un octágono negro. Encima del octágono hay un triángulo negro.

    Una vez más: en el cuadro 2 hay un círculo blanco dentro de un octágono negro. Encima del octágono hay un triángulo negro. Ahora, abre los ojos. Decide cuál es el cuadro que he descrito y escribe «2». Cierra los ojos de nuevo.

    En el cuadro 3 hay un triángulo negro entre un cuadrado blanco y un círculo gris.

SECCIÓN 4 ▶ IMÁGENES DEL TIEMPO Y DEL ESPACIO

55 Formas en espacios

Una vez más: En el cuadro 3 hay un triángulo negro entre un cuadrado blanco y un círculo gris. Ahora, abre los ojos. Decide cuál es el cuadro que he descrito y escribe «3». Cierra los ojos de nuevo.

En el cuadro 4 hay un rectángulo gris. Encima del rectángulo gris hay un círculo gris. Encima del círculo gris hay un triángulo negro, que está al revés.

Una vez más: en el cuadro 4 hay un rectángulo gris. Encima del rectángulo gris hay un círculo gris. Encima del círculo gris hay un triángulo negro, que está al revés. Ahora, abre los ojos. Decide cuál es el cuadro que he descrito y escribe «4». Cierra los ojos de nuevo.

En el cuadro 5 hay un círculo negro dentro de un octágono gris. Encima del octágono gris hay un triángulo gris.

Una vez más: en el cuadro 5 hay un círculo negro dentro de un octágono gris. Encima del octágono gris hay un triángulo gris. Ahora, abre los ojos. Decide cuál es el cuadro que he descrito y escribe «5». Cierra los ojos de nuevo.

En el cuadro 6 hay una elipsis blanca encima de un triángulo gris. A la izquierda de la elipsis blanca hay un pentágono gris.

Una vez más: en el cuadro 6 hay una elipsis blanca encima de un triángulo gris. A la izquierda de la elipsis blanca hay un pentágono gris. Ahora, abre los ojos. Decide cuál es el cuadro que he descrito y escribe «6». Cierra los ojos de nuevo.

En el cuadro 7 hay un triángulo gris encima de una elipsis blanca. Al lado derecho de la elipsis blanca hay un pentágono gris.

Una vez más: en el cuadro 7 hay un triángulo gris encima de una elipsis blanca. Al lado derecho de la elipsis blanca hay un pentágono gris. Ahora, abre los ojos. Decide cuál es el cuadro que he descrito y escribe «7». Cierra los ojos de nuevo.

En el cuadro 8 hay un triángulo gris entre un cuadrado negro y un círculo gris.

Una vez más: en el cuadro 8 hay un triángulo gris entre un cuadrado negro y un círculo gris. Ahora, abre los ojos. Decide cuál es el cuadro que he descrito y escribe «8». Cierra los ojos de nuevo.

4 Dígales las respuestas correctas. Luego, en parejas, los alumnos A cierran los ojos y los B describen un cuadro a los A. Los A escuchan con los ojos cerrados, luego abren los ojos y dicen, por ejemplo: *Es el cuadro número 3.*

SECCIÓN 4 ▸ IMÁGENES DEL TIEMPO Y DEL ESPACIO

55 Formas en espacios

HOJA DE TRABAJO

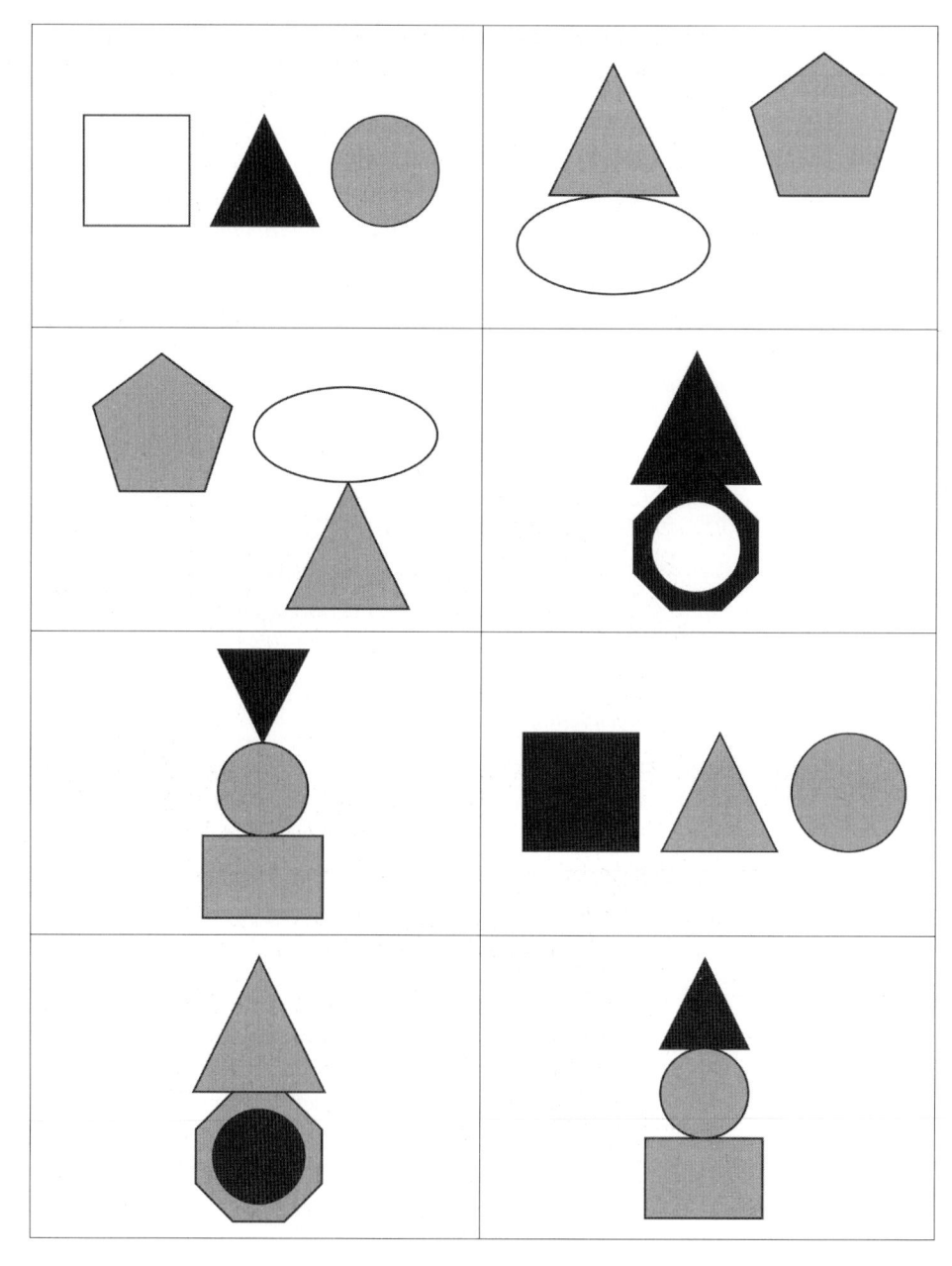

SECCIÓN 4 ▸ IMÁGENES DEL TIEMPO Y DEL ESPACIO

55 Formas en espacios

VARIACIÓN

Dé a cada alumno una copia de este mapa. En el mapa hay que indicar claramente la posición de partida «ESTÁS AQUÍ». Dé tiempo a sus alumnos para que miren el mapa y lo recuerden visualmente. Dígales que cierren los ojos. Deles indicaciones para llegar a la casa donde supuestamente vive usted, por ejemplo: *Estás en el punto de partida («Estás aquí»). Camina por la calle, toma la primera a la derecha, seguir recto, ve a la izquierda después de la librería. Vivo enfrente del cine, encima del café.*

Dígales que abran los ojos y describan el camino hasta su «casa». Luego, la actividad puede hacerse en parejas. Cada uno elige el lugar donde vive y da indicaciones, como en el ejemplo anterior.

145

SECCIÓN 4 ▸ IMÁGENES DEL TIEMPO Y DEL ESPACIO

56 Donde viven los animales

CONTENIDOS:	Descripción de imágenes interiores
NIVEL:	Intermedio bajo a avanzado
DURACIÓN:	5 minutos en una clase (para los niveles más bajos) y 20-30 en la siguiente
PREPARACIÓN:	Ninguna. Para la variación, fotocopias del cuadro de la página siguiente

LECCIÓN 1 (para los niveles más bajos)

Repase los nombres de animales que decida utilizar en la lección de visualización guiada que sigue. Para aclarar las palabras que los alumnos no conozcan bien, clasifíquelas en tres grupos: animales que viven en la tierra, animales que viven al menos en parte en el agua y animales que vuelan.

LECCIÓN 2

1. Diga a los alumnos que les va a pedir que se relajen y que cierren los ojos si quieren. Dígales que va a darles el nombre de un animal y que a continuación habrá una pausa de 10 segundos para que ellos visualicen el lugar o lugares donde podrían ver a este animal, el lugar en el que vive y todo el entorno por el que se mueve.

2. Diga estos animales, haciendo una pausa de 10 segundos entre uno y otro:

    camello
    pez de colores
    serpiente de cascabel
    águila
    mosquito
    pato
    canguro
    abeja
    vaca
    tiburón
    rana
    mariposa

3. Dígales que decidan qué animal les ha dado la idea más clara de un lugar o entorno y que, en parejas, describan a su compañero lo que han visto, oído y sentido con toda la claridad que puedan.

SECCIÓN 4 ▸ IMÁGENES DEL TIEMPO Y DEL ESPACIO

56 Donde viven los animales

VARIACIÓN

Dé a cada alumno una copia de esta tabla, dígales que rellenen la primera columna con sus propias respuestas y que luego entrevisten a su compañero.

	Yo	Mi compañero
¿Qué animal te ha provocado la imagen más viva y colorida?		
¿Te has visto a ti mismo con algún animal? ¿Con cuál?		
¿Qué animal te ha hecho oír más sonidos?		
¿Qué animal te ha hecho oler más olores?		
¿Qué animal te ha hecho más consciente del calor?		
¿Qué animal te ha hecho más consciente del frío?		
¿Qué animal te ha hecho más consciente del tiempo?		
¿Cuál es el animal que más te gustaría ver?		

SECCIÓN 4 ▸ IMÁGENES DEL TIEMPO Y DEL ESPACIO

57 Experiencias nocturnas

CONTENIDOS:	Narrar una experiencia personal
NIVEL:	Intermedio bajo a avanzado
DURACIÓN:	30 minutos
PREPARACIÓN:	Prepárese para compartir con el grupo una experiencia nocturna que haya tenido usted

1. Diga a los alumnos que se sienten cómodamente, que cierren los ojos y que intenten imaginar lo que usted va a decir. Haga una pausa al final de cada frase.

    el sol se está poniendo… llega la noche…
    hay rocío en la hierba… agua en la hierba…
    se encienden las farolas… una luz amarillenta…
    las luces de los coches…
    luna llena… nubes que se mueven…
    la luz de la luna viene y va…
    viento nocturno…
    fresco… frío…
    murciélagos en el aire…
    la gente se va a casa… gente cansada… se van a la cama
    las luces de las casas se apagan…
    ruidos urbanos a los lejos… silencio más cerca…
    noche… noche… noche…

2. Espere unos segundos y cuénteles una experiencia nocturna en la que haya sentido miedo.

3. Ahora, divídalos en grupos de cuatro para que se cuenten una experiencia nocturna que les haya hecho sentir miedo. Anime a los que escuchan a que hagan preguntas al narrador.

SECCIÓN 4 ▶ IMÁGENES DEL TIEMPO Y DEL ESPACIO

58 Vivir las estaciones

CONTENIDOS:	Vocabulario relacionado con el tiempo y el clima
NIVEL:	Elemental a avanzado
DURACIÓN:	35-40 minutos
PREPARACIÓN:	Venga a clase preparado para contarles a los estudiantes un día en el que el tiempo le pareció perfecto. Elija también los cuatro meses más interesantes en relación con el tiempo en el lugar donde viven

1. Inicie una lluvia de ideas sobre el concepto *clima*. Pida a un alumno que escriba las palabras en la pizarra. Deje que los alumnos digan palabras tanto en su L1 como en español. Algunos tendrán que levantarse y escribirlas en la pizarra si el grupo es multilingüe.

2. Con su ayuda y la de los diccionarios, las palabras de la pizarra se ponen en español.

3. Ayude a los alumnos a relajarse, con los ojos cerrados si lo desean, y cuénteles un día en el que a usted el tiempo le pareció perfecto. Luego explique que va a pedirles que experimenten el tiempo que haría en los meses que mencione.

   Junio; por favor, piensa cómo es el tiempo en junio. Piensa en un día típico: cuánto dura la luz del sol, el tipo de luz… ¿es un tiempo seco o húmedo?

   ¿Qué temperatura hace cuando empieza el día y cuando termina? ¿Hace calor? ¿Qué ropa llevas para este tipo de tiempo? ¿Cuáles son los sonidos del tiempo en junio? ¿Cómo te sientes en junio?

   Pausa de 10 a 15 segundos.

4. Repita esto aplicado a otros tres meses. Tras sus sugerencias para cada mes, haga una pausa de 10 a 15 segundos.

5. Pida a algunos alumnos que escojan uno de los meses y que cuenten a todo el grupo sus experiencias. Puede que les falte vocabulario, ayúdeles si es necesario. Añada a las palabras que están en la pizarra las nuevas que vayan saliendo.

6. Los alumnos clasifican las palabras de la pizarra según los cuatro meses del año que usted haya utilizado. Esto lo hacen de modo individual. Luego comparan sus clasificaciones en grupos de cuatro.

SECCIÓN 4 ▸ IMÁGENES DEL TIEMPO Y DEL ESPACIO

59 Había un universo brillante, brillante

CONTENIDOS:	Escritura imaginativa
NIVEL:	Elemental a intermedio
DURACIÓN:	30-40 minutos
PREPARACIÓN:	Opcionalmente, traiga un reproductor de CD

1. Diga a los alumnos que tensen los músculos de los brazos y los relajen cuatro veces; luego, harán lo mismo con los de las piernas.

2. Dígales que se sienten cómodamente y que se relajen. Ponga la pista 10 del CD o léales este texto con voz clara y amable, haciendo una pausa de unos segundos tras cada frase.

    Había un universo brillante, brillante…
    Había una galaxia brillante, brillante…
    Había un planeta brillante, brillante…
    Había un continente brillante, brillante…
    Había un país brillante, brillante…
    Había una provincia brillante, brillante…
    Había un valle brillante, brillante…
    Había un pueblo brillante, brillante…
    Había un barrio brillante, brillante…
    Había una calle brillante, brillante…
    Había una casa brillante, brillante…
    Había una cocina brillante, brillante…

3. Traiga a sus alumnos «de regreso» de la visualización y pídales que trabajen solos y escriban un texto de media página cuyo contenido deben decidir ellos.

4. Los alumnos se levantan, se pasean por la clase y se leen unos a otros lo que han escrito.

RECONOCIMIENTO

Aprendimos esta historia de un grupo teatral en la Semana Inglesa de Waldorf en Altenberg, Alemania, noviembre de 2006.

SECCIÓN 4 ▸ IMÁGENES DEL TIEMPO Y DEL ESPACIO

60 La máquina del tiempo

CONTENIDOS:	Destrezas orales y escritas
NIVEL:	Intermedio a avanzado
DURACIÓN:	20 minutos
PREPARACIÓN:	Opcionalmente, traiga un reproductor de CD

PISTA 11

1 Ponga la pista 11 del CD o diga lo siguiente, dejando una pausa de varios segundos en el primer párrafo:

Siéntate tranquilamente y trata de imaginar cómo fue la vida en distintos momentos de la historia, quizá aquellos días en que la gente vivía en cuevas... las viejas culturas chinas... la época romana... el mundo medieval... el Renacimiento... la colonización del Nuevo Mundo... la revolución industrial... el lejano oeste... los comienzos del siglo XX... la época de tus abuelos... Ahora, trata de imaginar cómo será la vida en un futuro lejano, quizá en la Luna o en otro planeta.

Elige un momento que te interese especialmente: puede ser del pasado o del futuro. Ten esto en cuenta cuando te veas saliendo de esta habitación y yendo en dirección a tu casa. En el camino observas una cosa que nunca antes habías visto. Es una máquina muy grande y muy rara con una puerta. Abres la puerta y entras. Hay muchos botones dentro, con períodos de tiempo escritos sobre ellos. Te percatas de que es una máquina del tiempo y de que puedes viajar a cualquier momento cuando quieras. Decides ir al momento en que estabas interesado. Presionas el botón derecho y te vas. En un segundo, estás allí. La puerta se abre y tú sales. Tómate 3 minutos, que es todo el tiempo que necesitas para visitar ese momento y saber cómo era vivir en aquella época.

Pausa de 3 minutos

Ahora vuelves a la máquina del tiempo, entras, cierras la puerta y presionas el botón que dice «El presente» y regresas a esta aula.

2 Los alumnos se levantan, pasean por el aula y se cuentan unos a otros cosas de la época que han visitado. Si algunos eligieron la misma época, pueden comparar lo que han visto.

3 Si quiere, como ejercicio escrito complementario, pueden describir lo que vieron y si les gustó visitar esa época. ¿Qué cosas del mundo actual echarían de menos allí? ¿Qué les gustaría traer al presente de la época que visitaron?

SECCIÓN 4 ▶ IMÁGENES DEL TIEMPO Y DEL ESPACIO

60 La máquina del tiempo

VARIACIÓN

Esta actividad puede utilizarse para trabajar con AICLE (Aprendizaje Integrado de Contenido y Lengua Extranjera). Si trabaja en enseñanza secundaria, pregunte a sus colegas de Historia, Arte, Literatura o Ciencias lo que sus estudiantes han estado haciendo recientemente. Adapte la visita a la máquina del tiempo, al contenido de una o varias asignaturas. Después de la visita, puede pedir a sus estudiantes que busquen más información sobre la época y el lugar visitados y luego escriban una redacción o una historia incorporando conocimientos de otras asignaturas.

Sección 5

Mirar hacia dentro

SECCIÓN 5 ▸ MIRAR HACIA DENTRO

61 Cuestión de edad

CONTENIDOS:	Verbos en presente, pasado, futuro
NIVEL:	Intermedio a avanzado
DURACIÓN:	20-30 minutos
PREPARACIÓN:	Ninguna

1. Diga a sus alumnos lo siguiente: *Relájate, cierra los ojos si quieres y trae a la mente la imagen de cómo te ves en este momento… cómo es tu vida… cómo te sientes… cómo te ves… Ten presente la sensación de ti mismo en este momento… (pausa). Ahora vuelve al pasado, cuando eras más joven… intenta recrear esa época en tu mente… las cosas que te gustaba hacer… tu vida diaria… volver al pasado… (pausa). Deja el pasado, imagina cómo será tu vida en cinco años. ¿Qué te gustaría hacer?… ¿Y en 10 años?… ¿Y qué harás cuando seas mayor y te jubiles? (pausa).*

2. Ponga a los alumnos en grupos de cuatro y cuando diga «PRESENTE», cada uno va a contar al grupo algo de su imagen de sí mismo en el presente. Después de unos minutos, diga «PASADO», y hablan de algo que vieron sobre su pasado. Luego, diga «FUTURO», y se cuentan algo sobre lo que imaginen que será su futuro.

3. Como tarea escrita en clase o para hacer en casa, responden a estas preguntas: ¿Qué es lo mejor de mi presente?, ¿Qué fue lo mejor de mi pasado? y ¿Qué creo que será lo mejor de mi futuro?

SECCIÓN 5 ▸ MIRAR HACIA DENTRO

62 Buenos amigos

CONTENIDOS:	Lenguaje para razonar
NIVEL:	Intermedio bajo a avanzado
DURACIÓN:	30-50 minutos
PREPARACIÓN:	Opcionalmente, traiga un reproductor de CD

<u>1</u> Diga a los alumnos que tomen papel y bolígrafo y que dibujen un rápido mapa mental en el que pongan cinco cosas que hacen de alguien un buen amigo. Quizá quiera poner un ejemplo:

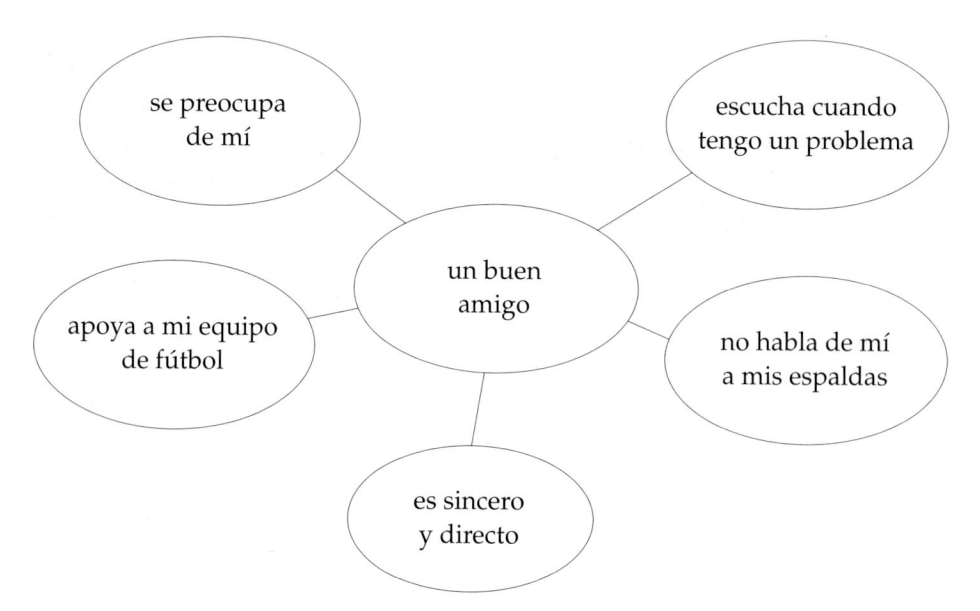

```
       se preocupa                    escucha cuando
         de mí                        tengo un problema

                      un buen
                       amigo
   apoya a mi equipo                  no habla de mí
      de fútbol                       a mis espaldas

                     es sincero
                     y directo
```

<u>2</u> Deles unos pocos minutos para que terminen su mapa mental. Luego, dígales que elijan, de los cinco aspectos que han pensado, el que consideren más importante en un amigo. Invite a cada alumno a completar la frase siguiente:

  Lo más importante de un amigo es que…

<u>3</u> Comente con la clase el proverbio *nadie es perfecto*. Deben pensar en una cosa o en algún tipo de comportamiento de sus buenos amigos que a ellos no les guste. Los alumnos completan la frase:

  No me gusta cuando mi amigo…

SECCIÓN 5 ▶ MIRAR HACIA DENTRO

62 Buenos amigos

4 Pregúnteles si les ha resultado fácil o difícil pensar en algo que no les gustara de sus amigos.

5 Luego ponga la pista 12 del CD o guíeles en una visualización sobre su mejor amigo.

Mientras estás sentado aquí… oyendo mi voz… me gustaría invitarte a pensar en tu mejor amigo… y a que imagines cómo es, el modo en que habla y ríe, el modo en que anda, se levanta y se sienta… y me gustaría que, durante unos pocos minutos, imaginaras que tú eres él y que ves el mundo por medio de los ojos de tu mejor amigo…

Y, mientras poco a poco te conviertes en tu mejor amigo… ¿Cómo ves el mundo? ¿Qué cosas te gustan? ¿Qué comidas te gusta comer? ¿Qué música prefieres?, ¿qué deportes te gusta jugar?… Tómate el tiempo que necesites…

Y ahora, imagina que realmente eres tu mejor amigo… y que te ves a ti mismo con los ojos de tu mejor amigo… Te ves a ti mismo, ves la persona que eres. ¿Qué es lo que te gusta de esa persona que eres? ¿Quizá alguna cosa de esa persona que eres no te gusta? ¿Hay alguna cosa que esa persona hace que no te gusta, o esa persona que eres tú se comporta a veces de un modo que no te gusta? Tómate el tiempo que necesites para descubrirlo.

6 Traiga a los alumnos de vuelta a la realidad de la clase y dígales que completen la frase siguiente (pueden hacerlo con la colaboración de otros, en grupos pequeños):

Con mis amigos, a veces…

7 Luego, dígales que piensen en lo que necesitan hacer para convertirse en un buen amigo y dígales que completen la frase siguiente:

Para ser un buen amigo, yo podría…

8 Diga a los alumnos que compartan sus pensamientos en sus grupos y que comprueben si se les han ocurrido las mismas cosas. Pida comentarios a cada grupo para comparar los resultados.

VARIACIÓN

Al final de clase, o el día siguiente, pruebe a hacer lo siguiente:
Los alumnos, en parejas, preparan un juego de rol sobre una «situación difícil» entre dos buenos amigos, quizá a partir de lo hablado en clase. Después

62 Buenos amigos

de ensayar un poco, cada pareja muestra su pequeña representación a la clase. Al final de cada una, las parejas hablan de la presentación y sugieren «soluciones». Si le parece bien, la pareja que ha expuesto la situación difícil puede después representar una de las soluciones de modo espontáneo a la clase.

RECONOCIMIENTO

Esta actividad está basada en gran medida en las sugerencias contenidas en el artículo de Patrick Costello, Jan Jones y Paula Walsh, «Perfect Partners», que se encuentra en *Teaching Thinking*, número 2, otoño de 2000.

SECCIÓN 5 ▸ MIRAR HACIA DENTRO

63 Mi *yo* en el futuro

CONTENIDOS:	Escritura descriptiva
NIVEL:	Intermedio a avanzado
DURACIÓN:	30-40 minutos
PREPARACIÓN:	Ninguna

1. Diga a sus alumnos:

    Relájate y cierra los ojos si quieres. En este ejercicio, vas a verte a ti mismo en un momento del futuro que tú vas a elegir. Tendrás que decidir en qué punto del futuro, más lejano o más cercano a la actualidad, quieres verte. Tú eliges la época.

    Quiero que visualices una puerta. Observa su forma y sus colores.

    Prepárate para abrir la puerta.

    Abre la puerta y contempla a una persona que te está dando la espalda.

    Esa persona eres tú en el futuro, en la época que has elegido.

    Nota los sonidos que estás oyendo en esta época futura.

    ¿Está el tiempo calmado o hace viento?

    ¿Qué impresión te causa este tiempo futuro?

    La persona que te da la espalda, el futuro tú, se gira a la derecha.

    Observa su perfil, desde la cabeza a los pies.

    ¿Qué es distinto de lo que tú eres ahora?

    El futuro tú vuelve la cara hacia el tú actual.

    ¿Qué es distinto?

    El futuro tú dice una cosa.

    ¿Puedes responder?

    Deja el sitio donde estás y métete en el tú futuro.

    Conviértete en este nuevo tú.

    Nota cómo cambias en este cuerpo cambiado, cómo sientes la ropa que llevas puesta, cómo ha cambiado tu forma de ver las cosas.

    Vuelve a tu yo actual.

    Di adiós a tu yo futuro.

    Cuando estés preparado, vuelve a la clase.

SECCIÓN 5 ▸ MIRAR HACIA DENTRO

63 Mi *yo* en el futuro

2. Durante un momento, deje que los alumnos estén solos con ellos mismos.

3. Divídalos en parejas al azar y luego dígales que no se van a sentar con su compañero.

4. Cada persona pasa de 10 a 15 minutos escribiendo una carta a su compañero en la que describe la experiencia que ha tenido durante esta actividad de imágenes guiadas. Estos compañeros se juntan y forman parejas y luego se intercambian las cartas y las comentan.

VARIACIÓN

Para terminar la clase, los estudiantes escriben en la pizarra en silencio frases surgidas a partir de la actividad.

SECCIÓN 5 ▶ MIRAR HACIA DENTRO

64 ¿Qué es la felicidad?

CONTENIDOS:	Apreciar el lenguaje de un poema, respondiendo a él de forma autorreflexiva
NIVEL:	Intermedio a avanzado
DURACIÓN:	40-50 minutos
PREPARACIÓN:	Se entrega a los alumnos una copia del poema «La felicidad de los peces», que se encuentra a continuación. Fotocopie también para cada alumno el cuadro con preguntas de la página siguiente (o puede escribirlas en la pizarra). Opcionalmente, traiga un reproductor de CD

1 Distribuya las copias del poema y diga a sus alumnos que lo lean.

La felicidad de los peces

Chuang Tzu y Hue Tzu
atravesaban un puente
sobre el río Hao.
Chuang dijo:
«¡Mira cómo saltan los pececitos
y van de un sitio a otro!
¡Esa es la felicidad de los peces!».
Hue dijo:
«Si no eres un pez,
¿Cómo sabes qué es
lo que hace felices a los peces?».
Chuang dijo:
«Si tú no eres yo,
¿cómo sabes que no sé
qué hace felices a los peces?».
Hue respondió:
«Si yo, al no ser tú,
no puedo saber
lo que tú sabes,
se desprende que yo,
al no ser un pez,
no puedo saber
qué hace felices a los peces».
Chuang dijo:
«¡Espera! Volvamos
a tu primera pregunta.
Me preguntaste cómo conozco
la felicidad de los peces.
Las palabras de tu pregunta
dicen que sabes
que yo sé
lo que hace felices a los peces.
Conozco su felicidad
por la que yo siento
cuando voy por el puente
y los veo saltar y jugar».

Chuang Tzu, China

2 Ahora, haga preguntas para asegurarse de que comprenden el poema y de que empiezan a pensar en su significado. Por ejemplo:

¿Quiénes piensas que eran Chuang Tzu y Hue Tzu?

¿Por qué pensaba Chuang que los peces eran felices?

¿Qué pensaba Hue?

SECCIÓN 5 ▸ MIRAR HACIA DENTRO

64 ¿Qué es la felicidad?

¿Qué dijo Chuang para intentar convencer a Hue de que él no podía saber lo que sabía Chuang?

¿Crees que las razones de Chuang son convincentes? ¿Por qué?

Al final del poema, ¿cómo explica Chuang que él sabe lo que hace felices a los peces?

¿Crees que Chuang tenía razón al decir que él sabía lo que hacía felices a los peces? ¿Por qué (no)?

PISTA 13

3 Diga a sus alumnos que se sienten cómodamente y ponga la pista número 13 del CD o diga, con voz tranquila y relajada:

Mientras estás ahí sentado con los ojos abiertos o cerrados... me gustaría invitarte a que vayas hacia atrás en el tiempo... y pienses en un momento en el que fuiste muy feliz... o, si lo prefieres, ve a un sitio imaginario donde puedas ser perfectamente feliz. Dondequiera que hayas decidido ir, sea un sitio en el que ya has estado o un sitio que estás creando en tu imaginación, permítete sentir que estás allí por completo, en ese lugar de felicidad perfecta.

No tengas prisa para percibir cómo es el lugar que has elegido, ya sea al aire libre o una habitación cerrada... y si estás solo o hay alguien contigo... y si hay gente, quiénes son y qué están haciendo... me pregunto qué clase de sonidos oyes en ese lugar de felicidad perfecta... si se trata de música o de voces de personas... o de los sonidos de la Naturaleza.

Y ahora... me gustaría pedirte que te dejes llevar por esta sensación de felicidad... fíjate en cómo puedes sentirla y ser consciente también, si estás con otras personas, o con otra persona, de si también hay felicidad en quien está contigo... Y ahora, me gustaría que imaginaras que desde ese lugar de felicidad estás viendo lo que has vivido... como en una película... una película de felicidad... y que ves todos los momentos en que has sido feliz, y con quién estabas, y lo que oíste, hiciste y viste. Y fíjate, también, en si estos momentos tenían algo en común... o si quizá son momentos completamente distintos... fíjate en ellos antes de volver al aula y abrir los ojos.

4 Reparta las preguntas que se encuentran a continuación, si no las ha escrito antes en la pizarra, y diga a los alumnos que piensen en las respuestas en silencio durante unos minutos y escriban sus pensamientos en un papel.

- ¿Qué significa ser feliz? ¿Puedes dar ejemplos de lo que es ser feliz?
- Cuando dices que eres feliz, ¿cómo lo sabes?

SECCIÓN 5 ▸ MIRAR HACIA DENTRO

64 ¿Qué es la felicidad?

- ¿Percibes cuando otras personas son felices? ¿Sabes si los animales son felices?
- ¿Sentirte feliz es lo mismo que saber que eres feliz?
- Si no eres feliz, ¿eres infeliz? ¿Hay diferentes grados de felicidad?
- ¿Siempre sabes cómo te sientes? ¿Podrías ser feliz todo el tiempo? ¿Por qué?
- ¿Te pueden hacer feliz otras personas o solo tú puedes sentirte feliz? Explícalo.

5. Luego, dígales que debatan sus respuestas. Puede hacerse con toda la clase o en grupos que luego comuniquen sus conclusiones a la clase.

VARIACIÓN

Como idea alternativa o adicional para empezar la actividad, invite a sus alumnos, antes del comienzo de esta lección, a traer a la clase fotos suyas en momentos de felicidad.

Dígales que pongan las fotos en el suelo del aula y que se sienten alrededor de ellas. Seleccione una, pregunte de quién es y pásela a todo el círculo. Dígales que imaginen la pequeña historia que hay detrás de la foto. Si esto les resulta difícil, dé un ejemplo, como: *Carlos, creo que esta foto te muestra hace unos años, acompañado de unos amigos. Creo que la tomaron cuando debías de tener unos doce años. Pareces muy feliz y relajado, quizá ibas a merendar al campo y estabas deseando ir.*

Cuando se hayan oído varias interpretaciones de la fotografía, diga al alumno que sale en la foto que explique el momento en que fue tomada.

RECONOCIMIENTO

El poema y las preguntas utilizadas en esta actividad proceden de Robert Fisher, *Poems for Thinking*, Nash Pollock Publishing, 1997, pp. 46 y 47. Recomienda utilizar poemas como base para desarrollar la capacidad de razonamiento de niños y estudiantes jóvenes y subraya la necesidad de dar a los estudiantes suficiente «tiempo para pensar» antes de que tengan que expresar sus pensamientos con palabras.

SECCIÓN 5 ▶ MIRAR HACIA DENTRO

65 La lengua materna, banco de recursos

CONTENIDOS:	Escritura y audición
NIVEL:	Intermedio bajo a avanzado
DURACIÓN:	25-35 minutos y, dos semanas más tarde, 5-10 minutos
PREPARACIÓN:	Traiga un sobre grande

LECCIÓN 1

1 Proponga a los alumnos que se sienten cómodamente y cierren los ojos. Luego diga:

Imagina los sonidos de tu lengua materna… piensa en los más fuertes…

Oye ahora otros más suaves…

Oye los sonidos que se elevan… y los que descienden.

Oye palabras de tu lengua dichas por alguien de tu familia a quien quieres…

Oye de nuevo las mismas palabras, más altas y dichas más cerca de ti…

Intenta ver una imagen con palabras de tu lengua, palabras escritas por alguien a quien aprecias…

Recuerda un fragmento de texto en tu propia lengua que sepas de memoria…

Escúchalo con tu oído mental…

Ahora, recuerda algún momento en el que hablaste a alguien en tu lengua y hablaste muy bien. Lo que dijiste era muy rico… era muy fluido… era muy claro…

Pausa

La persona con quien hablabas demostraba que le gustaba lo que decías… lo que dijiste causó el efecto que buscabas…

Fíjate en lo que sentías cuando hablabas bien…

Fíjate en cómo suena tu voz cuando hablas bien…

Fíjate en las imágenes de tu cabeza cuando hablas bien…

Imagina una época futura: estás hablando a alguien en español y estás hablando bien…

Pausa

… y tienes imágenes muy positivas en tu mente y tu voz suena, está sonando, realmente bien…

SECCIÓN 5 ▸ MIRAR HACIA DENTRO

65 La lengua materna, banco de recursos

Pausa

La persona a la que hablas lo está entendiendo todo… Está reaccionando como tú quieres.

Pausa

Disfruta el momento.

2 Traiga a la clase «de vuelta» a la realidad y diga que cada alumno pase de 10 a 15 minutos escribiéndose una carta a sí mismo sobre la visualización guiada. Dígales que nadie más va a ver el texto.

3 Después de unos 15 minutos, dígales que pongan sus cartas en un sobre grande, que usted cerrará y grapará.

LECCIÓN 2

Dos semanas más tarde, abra el sobre y devuélvales las cartas, dejándoles un tiempo para leerlas y pensar sobre ellas.

NOTA

Se sabe a ciencia cierta que una persona puede mejorar su rendimiento en cualquier situación reviviendo un momento en el que hizo muy bien algo parecido. El objetivo de esta actividad es ayudar a transferir la seguridad con la que usamos nuestra L1 a la producción en la L2.

SECCIÓN 5 ▶ MIRAR HACIA DENTRO

66 Escribir con la ayuda de la música y de los demás

CONTENIDOS:	Enriquecer un texto presentado en sus líneas básicas
NIVEL:	Intermedio bajo a avanzado
DURACIÓN:	50 minutos
PREPARACIÓN:	Traiga un reproductor de CD

<u>1</u> Diga a sus alumnos:

Siéntate cómodamente e imagina que estás en el agua: en un baño, en la ducha, en un lago o en el mar… Siente la relación que hay entre tu calor y la temperatura del agua… Ahora, escucha un poco de música y fíjate en las imágenes y sensaciones que te están llegando.

PISTA 14

Ponga la música.

Ahora, escribe dos o tres frases sobre las imágenes que te llegaron, o las sensaciones que notaste. Si no has sentido nada, escribe sobre este vacío. Escribe tu nombre en el papel y pásaselo a otro alumno.

<u>2</u> Los alumnos leen el texto de su compañero y escriben dos o tres preguntas relacionadas con él.

<u>3</u> Los papeles se vuelven a pasar. Cada alumno escribe dos preguntas más sobre el texto original.

<u>4</u> Una vez hayan pasado los papeles cuatro veces, se devuelven a su autor.

<u>5</u> Cada persona lee las preguntas que se han puesto debajo del texto, piensa las respuestas y escribe una versión mucho más completa del texto original, basándose en las preguntas de los otros alumnos para explorar aspectos de su propia experiencia.

<u>6</u> Divídalos en grupos de cuatro para que lean lo que han escrito.

RECONOCIMIENTO

Este ejercicio lo aprendimos de Clement Laroy, del libro *Musical Openings*, Pilgrims Longman, 1993.

SECCIÓN 5 ▶ MIRAR HACIA DENTRO

67 Mi *yo* lingüístico ideal

CONTENIDOS:	Escritura
NIVEL:	Intermedio a avanzado
DURACIÓN:	40-50 minutos
PREPARACIÓN:	Haga una fotocopia de la hoja de trabajo para cada alumno. Opcionalmente, traiga un reproductor de CD

1. Plantee una lluvia de ideas en la que los alumnos piensen en las razones por las que el español puede resultarles útil o placentero. Sugiera más ideas si hace falta.

2. Dé una fotocopia de la siguiente hoja de trabajo a cada alumno o escríbala en la pizarra para que la copien. Déjeles tiempo suficiente para pensar antes de contestar las preguntas. Ayúdeles si necesitan vocabulario para expresarse.

¿Por qué saber más español me vendría bien ahora?
¿Por qué saber más español me vendría bien en el futuro?
¿Cómo afectaría a mi autoconfianza saber más español?
¿Qué puertas se me abrirían si supiera más español?
¿Qué herramientas y destrezas tengo para aprender más español?
¿Qué podría hacer para aprender más español?

SECCIÓN 5 ▸ MIRAR HACIA DENTRO

67 Mi *yo* lingüístico ideal

3   Dé unos cuantos minutos a los alumnos para que comparen sus respuestas entre sí.

4   Dígales que se sienten cómodamente y cierren los ojos si lo desean. Ponga la pista número 15 del CD o diga las siguientes palabras con voz suave, cambiándolas si quiere adaptarlas más a los intereses, inquietudes o edad de sus estudiantes.

Relájate y concéntrate en tu respiración unos momentos… Respira honda y lentamente… Imagina que ves algo a lo lejos. Ves a alguien en la distancia… te acercas más y te reconoces a ti mismo con unos cuantos años más de los que tienes ahora… Estás con un grupo de gente de tu edad y estás hablando español con ellos. Estás muy entusiasmado con lo que estás diciendo y todo el mundo te está escuchando con atención. Varias personas hacen comentarios y tú los entiendes perfectamente y disfrutas al ser capaz de comunicarte con ellos en español sobre cosas que os interesan a todos… El grupo va hacia una cafetería y todos entran y se sientan. Cuando el camarero te pregunta en español lo que vas a tomar, tú contestas y él sonríe cuando escribe lo que has pedido. Todos los del grupo quieren saber tus opiniones sobre cosas que son muy importantes para todos. Explicas tus ideas muy claramente y luego los escuchas cuando ellos expresan las suyas. Cuando llega la hora de salir de la cafetería, le pides la cuenta al camarero y pagas. Tus amigos quieren verte de nuevo el fin de semana para viajar a un sitio que tienes muchas ganas de ver. Cuando te marchas, quedas con los demás para otra vez y os decís adiós. Ahora vas hacia el edificio donde trabajas. En tu trabajo, usas el español mucho. Disfrutas con lo que haces, te va muy bien y puedes comunicarte bien en español con gente de muchos países. Mantén esta sensación de seguridad en tus capacidades un momento… Ahora, cuando estés dispuesto, abre los ojos y concentra tu atención de nuevo en esta habitación, sin perder la sensación de poder comunicarte bien en español.

5   Para terminar esta actividad, cada alumno dice una palabra que exprese cómo se encuentra en este momento: comience con un alumno que usted sepa que va a expresar una sensación positiva. Tim Murphey (1998b) explica cómo los estudiantes se dejan influir a menudo por sus «pares cercanos», por lo que con actividades de esta naturaleza es bueno empezar con alguien que establece un tono positivo para los que siguen.

6   Con niveles más bajos, para dar ideas a los alumnos, podría poner en la pizarra o proyectar una lista bastante completa de adjetivos que expresen estados, como *feliz, confundido, seguro, contento, capaz, motivado, cansado,* etc.

SECCIÓN 5 ▸ MIRAR HACIA DENTRO

67 Mi *yo* lingüístico ideal

VARIACIÓN

Un posible ejercicio posterior o alternativo sería hablar brevemente con los estudiantes sobre la importancia de fijar objetivos razonables. Pídales que escriban uno o dos objetivos a corto plazo relacionados con la mejora de su español. Deberían ser muy concretos y tener un plazo (por ejemplo, aprender tres palabras nuevas cada día, hablar en español fuera del aula al menos dos veces a la semana, incluso si es con amigos que tengan otra lengua nativa, ver una película o un programa de televisión en español todos los fines de semana). Dígales que, de momento, estos objetivos no se los tienen que comunicar a nadie, pero que dentro de tres semanas les pedirá que compartan con sus compañeros de clase si han sido capaces de cubrir los objetivos y si la experiencia les ha resultado útil.

NOTA

Al escribir sobre los posibles «yoes», Dörnyei (2005) cita investigaciones que muestran que el *yo* es dinámico y puede cambiar. Helen Markus, profesora de Psicología de la Universidad de Stanford, ha investigado con su equipo las influencias socioculturales en *la mente* y *el yo* y sostiene que «imaginar nuestras propias acciones por medio de la construcción de "yoes" posibles que alcanzan el objetivo deseado puede facilitar directamente la traducción de objetivos a intenciones y acciones instrumentales» (Markus y Ruvolo 1989:213). Las imágenes mentales están en la base de nuestras actitudes y de nuestra toma de decisiones sobre nuestro comportamiento, de modo que ver este potencial dentro de nosotros mismos puede ser una motivación para desarrollar comportamientos encaminados a conseguir nuestros objetivos.

SECCIÓN 5 ▶ MIRAR HACIA DENTRO

68 Tres tipos de personalidad

CONTENIDOS:	Hablar de cualidades personales
NIVEL:	Intermedio a avanzado
DURACIÓN:	30-40 minutos
PREPARACIÓN:	Haga copias del texto que se encuentra a continuación, una para cada alumno. Para la variación, haga copias del cuadro

1 Explique a los alumnos que les va a presentar tres tipos distintos de personalidad. Su tarea va a consistir en ver si conocen a alguna persona que encaje en estos tres tipos. Deje transcurrir 1 o 2 minutos entre cada tipo de personalidad.

2 Permítales que se sienten cómodamente y que cierren los ojos, si quieren. Luego diga:

Vas a oír hablar a un tipo concreto de persona… No te preocupes si no entiendes todas las palabras… Mientras las oyes, piensa en si conoces a alguien así:

Me gusta hacer las cosas bien…
Odio cometer errores
¿Por qué algunas personas son tan perezosas?
Vivo con un juez dentro de mi cabeza… a veces el juez es sabio, pero a veces es duro y severo…
Soy muy, muy concienzudo… Todo lo hago cuidadosamente.
Soy una persona seria, no dada a tonterías…
Siempre me dejo guiar por mi conciencia… Hago lo que creo correcto…
Mi miedo es el miedo a tener defectos… a ser incompetente…
Lo que más valoro es la integridad, la sinceridad, la claridad…
Me resulta difícil saber cuándo tengo que dejar de corregir algo que he hecho…
Pago un alto precio por querer ser perfecto…
Ahora te voy a dejar unos momentos de silencio para ver… y oír… y sentir a una persona que conoces que sea como esta. Si no puedes pensar en nadie que conozcas, simplemente intenta imaginar cómo sería esta persona.

Pausa

Aquí hay una segunda persona hablando sobre sí misma:
Soy una persona considerada y generosa…
Me encanta conocer gente y ayudarla…
Para mí es natural ser agradable… No tengo problemas para hablar con la gente…
Me identifico con los demás… con sus sueños, sus esperanzas y sus necesidades son más importantes que las mías… a veces…

SECCIÓN 5 ▶ MIRAR HACIA DENTRO

68 Tres tipos de personalidad

Tal vez hago más por los demás de lo que debiera…
Soy afectuoso y apoyo a la gente que lo necesita.
Mi temor es que nadie me ame.
Necesito ser necesitado…
Si veo un perro callejero, quiero traerlo a casa…
Arreglo muy bien los corazones rotos…
Me gusta sentirme en armonía con la gente…
Prefiero la gente necesitada a la gente que no lo está…
Ahora te dejaré unos momentos de silencio para ver… oír… y sentir a una persona que conozcas que sea como esta o a una que tú imagines.

Pausa

Aquí hay una tercera persona que habla sobre sí misma.
Me veo como una persona muy competente…
Para mí es importante tener éxito…
A menudo intento ser el mejor en lo que estoy haciendo… mejor que los demás…
Soy un poco adicto al trabajo… Siempre tengo que estar haciendo algo.
Me siento perdido si no consigo lo que me propongo…
Cuando me siento inseguro, puedo ser bastante distante y frío con la gente.
Tengo miedo a ser una persona que no vale nada.
Me encanta ser el centro de atención y actuar…
A veces quiero lograr mis objetivos por la vía rápida…
A menudo no sé lo que siento… mis sentimientos parecen estar ocultos.
Soy eficaz, eficiente y responsable.
Ahora te voy a dar unos momentos de silencio para ver… oír… y sentir a una persona que conozcas que sea como esta o que tú imagines.

3. Tráigalos de vuelta de su exploración y reparta copias del texto sobre los tres tipos de persona (ver la página siguiente). Los alumnos leen el texto completo y le preguntan las palabras que no entienden.

4. Divídalos en parejas al azar. Dígales que decidan quién es A y quién B.

5. Dígales que los A tienen 2 minutos para contar a los B cuál ha sido su reacción ante esta actividad.

6. Pare a los A después de 2 minutos. Ahora diga a los B que tienen 2 minutos para explicar sus reacciones. Párelos a los 2 minutos.

7. Comience una discusión general sobre los tres tipos.

SECCIÓN 5 ▸ MIRAR HACIA DENTRO

68 Tres tipos de personalidad

TIPO 1

Me gusta hacer las cosas bien…
Odio cometer errores.
¿Por qué algunas personas son tan perezosas?
Vivo con un juez dentro de mi cabeza… a veces el juez es sabio, pero a veces es duro y severo…
Soy muy, muy concienzudo… Todo lo hago cuidadosamente.
Soy una persona seria, no dada a tonterías…
Siempre me dejo guiar por mi conciencia… Hago lo que creo correcto…
Mi miedo es el miedo a tener defectos… a ser incompetente…
Lo que más valoro es la integridad, la sinceridad, la claridad…
Me resulta difícil saber cuándo tengo que dejar de corregir algo que he hecho…
Pago un alto precio por querer ser perfecto…

TIPO 2

Soy una persona considerada y generosa…
Me encanta conocer gente y ayudarlas…
Para mí es natural ser agradable…
No tengo problemas para hablar con la gente…
Me identifico con los demás… sus sueños, sus esperanzas y necesidades son más importantes que las mías… a veces…
Tal vez hago más por los demás de lo que debiera…
Soy afectuoso y apoyo a la gente que lo necesita.
Mi temor es que nadie me ame.
Necesito ser necesitado…
Si veo un perro callejero, quiero traerlo a casa…
Arreglo muy bien los corazones rotos…
Me gusta sentirme en armonía con la gente…
Prefiero la gente necesitada a la gente que no lo está…

TIPO 3

Me veo como una persona muy competente…
Para mí es importante tener éxito…
A menudo intento ser el mejor en lo que estoy haciendo… mejor que los demás…
Soy un poco adicto al trabajo… Siempre tengo que estar haciendo algo.
Me siento perdido si no consigo lo que me propongo…
Cuando me siento inseguro, puedo ser bastante distante y frío con la gente.
Tengo miedo a ser una persona que no vale nada.
Me encanta ser el centro de atención y actuar…
A veces quiero lograr mis objetivos por la vía rápida…
A menudo no sé lo que siento… mis sentimientos parecen estar ocultos.
Soy eficaz, eficiente y responsable.

SECCIÓN 5 ▶ MIRAR HACIA DENTRO

68 Tres tipos de personalidad

VARIACIÓN

Los alumnos, de forma individual, deciden a qué tipo de personalidad se ajusta cada frase de la tabla. Luego comprueban sus respuestas y comentan los aspectos que surjan. Pídales que les digan a sus compañeros con qué tipo se identifican más y por qué. Explique que estos tres tipos forman parte de un grupo de nueve, de modo que es posible que no se identifiquen con ninguno.

	Tipo 1	Tipo 2	Tipo 3
1. Me encanta haber hecho tan bien ese trabajo.			
2. Intento resolver todos los detalles.			
3. ¿Por qué no vienes para acá y me cuentas tu problema?			
4. Me gusta la idea de Juanita, pero creo que se me puede ocurrir algo mejor.			
5. Me pregunto si los habré enfadado. Espero que no.			
6. Tomás hizo fatal su proyecto. No hizo ningún esfuerzo.			
7. Me siento mal. No tengo nada que hacer ahora mismo.			
8. Lo hice porque sinceramente pensé que era lo correcto.			
9. Vamos a buscar una solución que nos satisfaga a todos.			

Respuestas: 1.▶3; 2.▶1; 3.▶2; 4.▶3; 5.▶2; 6.▶1; 7.▶3; 8.▶1; 9.▶2

NOTA

Esta clasificación de tipos de personalidad es conocida como el «eneagrama». Usted puede asignar tareas de investigación en internet a aquellos estudiantes que quieran conocer cómo son los otros seis tipos. Sobre este tema escriben Richard Riso y Russ Hudson, *The Wisdom of the Enneagram*, Bantam Books, 1999.

SECCIÓN 5 ▶ MIRAR HACIA DENTRO

69 Explorar el aburrimiento

CONTENIDOS:	De la audición a la escritura y la lectura
NIVEL:	Intermedio alto a avanzado
DURACIÓN:	50-60 minutos
PREPARACIÓN:	Una copia de la lectura por alumno

1. Pregunte a los alumnos cuándo se han sentido más aburridos en sus vidas.

2. Pida a un alumno que venga a la pizarra y actúe como «secretario». A partir de una lluvia de ideas, el grupo trae a colación palabras que asocian con el aburrimiento… o con estar aburridos. Siga hasta que la pizarra esté llena de palabras.

3. Dígales que bostecen de forma exagerada y… hágalo usted también.

4. A continuación, que se sienten cómodamente y cierren los ojos, si quieren, mientras escuchan:

    Voy a hacerte unas preguntas, haciendo una pausa después de cada una para darte tiempo a contestarlas mentalmente:
    ¿Cuándo ha sido la última vez que me he sentido aburrido?
    ¿Cuál es la comida más aburrida a la que he acudido?
    ¿Cuánto duró?
    ¿Quién es la persona más aburrida que conozco?
    ¿Por qué me aburre tanto?
    ¿Quién es el profesor más aburrido que he tenido?
    ¿Qué hacía yo cuando estaba aburrido en su clase?
    Cuando estoy aburrido… ¿qué ocurre con mis imágenes mentales?
    Cuando estoy aburrido… ¿cuáles son mis sentimientos?
    Cuando estoy aburrido… ¿cambia el modo en que hablo conmigo mismo?
    ¿Qué hago cuando comienza el aburrimiento?
    ¿Puede «estar aburrido» ser un estímulo, a veces?
    ¿Estoy muy aburrido ahora?

5. Saque a los alumnos de sus pensamientos y dígales que, de modo individual, escriban una página sobre el aburrimiento. Deles 15 minutos para hacerlo.

6. En grupos de cuatro, comentan sus pensamientos y leen las páginas que han escrito.

SECCIÓN 5 ▸ MIRAR HACIA DENTRO

70 Conoce al sabio que hay dentro de ti

CONTENIDOS:	Hacer y contestar preguntas
NIVEL:	Intermedio bajo a avanzado
DURACIÓN:	20-30 minutos
PREPARACIÓN:	Busque una historia sobre una persona sabia, o utilice la historia que está aquí. Opcionalmente, traiga un reproductor de CD

1. Cuente a sus estudiantes la historia de una persona sabia, o utilice el esquema que se encuentra más abajo y con sus propias palabras cuénteles la historia de Melric el Mago.

    Érase una vez – un rey – tenía un mago, llamado Melric – Melric trabajaba para el rey – guisaba, arreglaba cosas, etc. – Melric también trabajaba para otras personas – una mañana, el mago desapareció – el rey y la gente tuvieron que ponerse a trabajar.

    Melric estaba frustrado – montañas – para ver a su antiguo maestro, Kra – ascendió durante horas – encontró a Kra en una cueva – le contó su historia – Kra: Eres tonto. Has perdido la magia porque no has ayudado a la gente – Melric. ¿Qué? ¡Todo lo he hecho por ellos! – Kra: Ese es el problema – ahora no saben qué hacer – Melric comprendió – Kra le devolvió su magia – Kra: ¡No debes malgastarla! – Kra transformó a Melric en un pájaro – voló hasta el castillo – vio que el castillo estaba rodeado por un ejército de soldados – Melric los transformó en gatos – la gente abrió las puertas del castillo – los perros los echaron de allí – la gente, feliz – le pidieron a Melric que trabajara por ellos de nuevo – Melric: ¡No debo malgastar mi magia! – la gente se puso a trabajar – el rey también – ¿Y Melric? – ¡Tuvo que aprender a hacer su cama!

2. Dígales que se sienten cómodamente y que se relajen. Ponga la pista número 16 del CD o, con voz tranquila, diga:

    Imagina que estás en un bosque… son las primeras horas de la mañana de un hermoso día de verano. Oyes los pájaros en los árboles y hueles el fresco aroma de los árboles… la luz del sol se refleja en las gotas de rocío de la hierba.

    Mientras estás allí, sintiendo la tierra blanda bajo tus pies… te vas dando cuenta de que hoy es un día especial y, cuando miras hacia arriba, ves una montaña alta a través de los árboles y el cielo azul por encima.

    Entre los árboles, ves un camino estrecho que lleva a la montaña y empiezas a caminar ahora… hacia arriba… a tu propio ritmo… poniendo lentamente un pie

SECCIÓN 5 ▶ MIRAR HACIA DENTRO

70 Conoce al sabio que hay dentro de ti

delante del otro… mientras escuchas los pájaros… y sientes el suave viento en tu piel…

Sabes que esta montaña es exactamente la montaña adecuada para ti… y ahora que vas por entre las rocas… subiendo cada vez más… y estás seguro y te sientes bien… ves claramente una cosa en la distancia y es una cueva pequeña… cuando te acercas, ves a alguien delante de la cueva. Es Kra, el hombre sabio, el maestro de Melric. Es sabio, simpático y cariñoso. Kra te ha visto… te sonríe cuando te acercas. Kra te ofrece un sitio para sentarte delante de él y descansar. Sabes que Kra es una persona que escucha… que puedes preguntarle todo lo que quieras… tómate el tiempo que necesites para obtener una respuesta… si llega… y sigue haciendo preguntas todo el tiempo que quieras…

Pausa de unos segundos.

Es hora de decir adiós lentamente a Kra y volver a esta aula… hazlo a tu ritmo… y tómate el tiempo que necesites hasta que decidas abrir los ojos.

3 Diga a cada alumno que escriba un diálogo entre Kra y él mismo sobre el tema que quieran. Los alumnos, en parejas, se ayudan en el vocabulario de sus respectivos diálogos. Cada pareja pasa sus diálogos a otra, quienes, después de prepararse unos 4 o 5 minutos, representan uno de los dos diálogos, el que ellos escojan. Enfatice que es importante que los alumnos representen de verdad los diálogos y no lean simplemente los textos que han recibido.

VARIACIÓN

De modo alternativo, puede decir a los estudiantes que escriban en parejas un «diálogo silencioso». El alumno A escribe una pregunta y se la pasa al B, que la responde. Luego el papel vuelve a A, que expresa su opinión sobre la respuesta de forma escrita, etc.

RECONOCIMIENTOS

La actividad está basada en el «Diálogo interior», *What we may be: The visions and techniques of Psychosynthesis*, de Piero Ferrucci, Turnstone Press Ltd., 1982 p. 144.

La historia de Melric está basada en un hermoso libro para niños, *The Magician who Lost his Magic*, de David Mckee, Abelard-Schuman, Londres, 1970.

SECCIÓN 5 ▸ MIRAR HACIA DENTRO

71 El anillo mágico

CONTENIDOS:	El condicional; escritura
NIVEL:	Intermedio a avanzado
DURACIÓN:	30-40 minutos
PREPARACIÓN:	Ninguna

<u>1</u> Diga a sus alumnos que se sienten cómodamente y traten de ver en imágenes una historia en la que ellos son el protagonista principal:

> *Vas andando por una calle de un barrio viejo de una ciudad muy antigua. Es una noche de invierno con mucha niebla y estás completamente solo. Estás disfrutando mucho de este paseo, de los edificios interesantes y algo misteriosos, del olor del humo de los fuegos de las chimeneas, el aire frío, el silencio de la noche… De pronto, ves algo que brilla en el suelo. Te agachas y lo miras: es un anillo de oro. Lo frotas contra la manga. Incluso de noche, brilla muchísimo. Te lo pruebas. Te está perfectamente y una sensación extraña se extiende por tu cuerpo. Es maravillosa y te sientes como la persona más poderosa del mundo. Te acuerdas de que no has cenado y de que estás muy hambriento… sientes que te gustaría comer un trozo de tarta de chocolate y de pronto allí está, en tu mano. En ese momento, te das cuenta de que todos tus sueños se pueden hacer realidad.*
>
> *¿Qué harías con todo este magnífico poder?*
>
> *Piénsalo con cuidado, considera la situación del mundo, tu propia vida y las vidas de otras personas que conoces y recuerda que puedes hacer todo lo que quieras. Decide qué te gustaría hacer con este poder, recréalo en tu mente.*

<u>2</u> Dos o tres minutos después, invite tranquilamente a los alumnos a escribir cómo contestarían la pregunta sobre lo que harían si tuvieran ese poder. Deles 15 minutos para escribir.

<u>3</u> En parejas, se dicen uno a otro lo que harían. Luego, negocian entre ellos tres cosas que los dos querrían hacer.

<u>4</u> Cada pareja comparte esas tres cosas con el resto de la clase.

RECONOCIMIENTO

Esta actividad está adaptada de Javier Ávila (2002).

SECCIÓN 5 ▸ MIRAR HACIA DENTRO

72 Cualidades positivas

CONTENIDOS:	Vocabulario referido a cualidades positivas; expresiones para presentarse
NIVEL:	Elemental a avanzado
DURACIÓN:	20 minutos
PREPARACIÓN:	Traiga un reproductor de CD. La tabla puede proyectarse o fotocopiarse

1. Repase las maneras de presentarse en español.

2. Enseñe algunas de las palabras relacionadas con cualidades positivas que sus alumnos podrían no saber.

CUALIDADES POSITIVAS

amor
armonía   belleza
bondad
compasión   comprensión
confianza   valor
cooperación   amistad
determinación   orden   disciplina
estabilidad   serenidad
felicidad   alegría
gratitud
generosidad   luz
energía   entusiasmo   vitalidad
humildad   paciencia
lealtad   libertad
optimismo   paz
sabiduría

3. Proyecte la tabla de cualidades positivas o distribuya las fotocopias. Si usa un ordenador, puede ir leyendo las líneas una a una, haciendo una breve pausa entre una y otra. Pregunte a sus alumnos si quieren añadir a la lista alguna cualidad que sea importante para ellos y escríbalas en la pizarra. Dígales que escriban cinco que consideren muy importantes y quieran compartir con un compañero.

SECCIÓN 5 ▸ MIRAR HACIA DENTRO

72 Cualidades positivas

4 Tras poner la música, invíteles a sentarse cómodamente y a relajarse. Luego, diga con voz tranquila, haciendo una pausa entre las frases:

Escoge una cualidad que te gustaría tener o tener más. Quizá la paciencia, quizá la amabilidad, quizá el valor. Tú decides…

Imagina que tú mismo tienes esta cualidad en tu vida… ¿Cómo te sentirías…? ¿Qué harías que fuera distinto de lo que haces ahora…? ¿Cómo te relacionarías con otras personas?… ¿Cómo cambiaría tu vida…? Contempla tu cara, tu cuerpo, la forma en que te mueves… Contempla una imagen de ti con esta cualidad totalmente desarrollada en tu interior… Disfrútala durante un minuto.

5 Luego, dígales que se van a levantar, a pasear por la clase y a presentarse a sus compañeros estrechándoles la mano y diciendo su nombre y su cualidad en vez de su apellido. Por ejemplo: «Hola, soy Annette Cooperación» o «Hola, soy Pierre Entusiasmo» o «Mi nombre es Mary Libertad». Pueden crear pequeños diálogos como los siguientes:

MARY: *Hola, soy Mary Libertad.*
PIERRE: *Encantado de conocerte, Mary. Soy Pierre Entusiasmo.*
MARY: *Encantada de conocerte.*

NOTA

Esta actividad funciona mejor con un grupo ya acostumbrado a este tipo de cosas. Hay un contraste muy interesante entre la seria introspección de la primera parte y el movimiento y las risas de la parte final.

RECONOCIMIENTO

Una versión de esta actividad está en Diane Whitmore, *Psychosynthesis in Education: A Guide to the Joy of Learning.* Turnstone Press Limited, 1986.

SECCIÓN 5 ▸ MIRAR HACIA DENTRO

73 Dibujar una imagen tuya

CONTENIDOS:	Destrezas orales
NIVEL:	Intermedio bajo a avanzado
DURACIÓN:	30 minutos
PREPARACIÓN:	Opcionalmente, se puede proyectar o copiar el dibujo que se encuentra al final para que lo vean los alumnos

1. Haga una lluvia de ideas con palabras relacionadas con la pintura. Asegúrese de que conocen *dibujo, lienzo, pincel*.

2. Diga a los alumnos que saquen lápiz y papel. Muéstreles el cuadro del estudio de un pintor, si quiere, y luego dígales lo siguiente, haciendo pausa entre frases:

    Siéntate cómodamente y relájate, cierra los ojos si quieres… Imagina que eres un artista y que tienes una habitación en tu casa donde pintas. A veces, pintas obras muy complejas y otras veces haces dibujos pequeños y divertidos. Pero sabes que, sea lo que sea lo que decidas pintar, puedes expresar lo que quieras en tus pinturas… Vas a empezar una y en ella quieres expresar las cosas más importantes para ti… Imagina ahora lo que pondrías en la pintura… ¿Qué lugares incluirías? ¿Qué personas? ¿Qué cosas? ¿Qué símbolos puedes usar para expresar tus valores más importantes…? Piensa sobre todos estos aspectos que incluirías en tu pintura durante un momento.

    Ahora vuelve… pero no a esta aula. Vuelve en tu imaginación al lugar donde pintas. Tienes lápices para dibujar, pinturas, pinceles… Hay un lienzo nuevo que te espera… Pero primero, en un papel, quieres dibujar lo que piensas pintar luego en el lienzo. No se trata de un dibujo perfecto, sino de expresar algo sobre ti.

    Los alumnos se ponen a dibujar y luego, en parejas, muestran sus dibujos a sus compañeros. Unos y otros se hacen preguntas sobre qué han incluido en ellos, qué representan, por qué son importantes. Puede ir por el aula mirando también los dibujos de los alumnos, haciendo preguntas y comentarios positivos.

VARIACIONES

1. Puede recopilar los dibujos y colocarlos en la pared. Los alumnos se pasean y los miran, tratando de adivinar quiénes son los autores.

SECCIÓN 5 ▸ MIRAR HACIA DENTRO

73 Dibujar una imagen tuya

2 Otra opción es dar a cada alumno el dibujo de otro y decirles que describan a la persona que lo ha hecho.

SECCIÓN 5 ▸ MIRAR HACIA DENTRO

74 Un nuevo *tú*

CONTENIDOS:	Lenguaje descriptivo
NIVEL:	Elemental a avanzado
DURACIÓN:	30-40 minutos
PREPARACIÓN:	Una fotocopia de la hoja de trabajo para cada alumno

1. Escriba las siguientes preguntas en la pizarra:

    ¿Quién eres?
    ¿Dónde vives?
    ¿Qué quieres hacer en la vida?

2. En parejas, mejor mezclando alumnos para que no trabajen con alguien que conozcan bien, los A formulan a los B cada pregunta, pero después de que los B contesten, los A repiten la misma pregunta cuatro veces más, de modo que B responde cada pregunta un total de cinco veces. Puede hacer una demostración, para que vean cómo cada vez tienen que pensar un poquito más antes de dar una respuesta. A hace la segunda pregunta y la tercera, obteniendo cinco respuestas para cada una. Luego B hace a A las tres preguntas de la misma manera.

3. Diga a los alumnos:

    Trata de recordar, cuando eras niño y jugabas, quién fingías ser a veces... ¿un vaquero ... una princesa... un doctor... un cantante? Intenta verte como un niño que finge ser otra persona.

    Imagina ahora que puedes ser quienquiera que decidas ser, tener una situación y las cualidades que quieras, una identidad nueva... Detente un momento para imaginar ese nuevo «tú». ¿Dónde vivirías? ¿Qué clase de trabajo harías? ¿Qué cosas harías en tu tiempo libre? ¿Qué cualidades especiales tendrías?

4. Reparta la hoja de trabajo y diga a los alumnos que la completen ellos solos, inventándose una nueva identidad, incluso su nombre y su edad. Cuando la hayan terminado, todo el mundo se levanta y se pasea por el aula presentándose a los demás, haciendo y contestando preguntas sobre sus nuevas identidades.

VARIACIÓN

En parejas, y tras haber leído los dos la hoja de trabajo del compañero, preparan un pequeño juego de rol basado en esta situación: estás sentado al

SECCIÓN 5 ▸ MIRAR HACIA DENTRO

74 Un nuevo *tú*

lado de una persona que no conoces en un avión y quieres conocerla para tener alguien con quien hablar durante el vuelo. Los alumnos preparan una pequeña conversación utilizando sus nuevas identidades y la representan ante el resto de la clase.

NOTA

Un componente importante del método de enseñanza de lenguas «sugestopédico» de Lozanov es asumir una identidad nueva y atractiva. Se ha dicho que esto puede animar a los estudiantes a asumir más riesgos al hablar porque están interpretando el papel de «Juan, el famoso periodista» o de «Victoria, la estrella de cine», y de este modo dejar atrás sus inhibiciones.

Nombre

Edad

Formación académica

Profesión

Familia

Dónde naciste

Dónde vives ahora

Gustos musicales

Aficiones/Intereses

Dónde vas de vacaciones

Rasgos distintivos, lo que te hace especial

SECCIÓN 5 ▶ MIRAR HACIA DENTRO

75 Nuestro grupo

CONTENIDOS:	Destrezas orales
NIVEL:	Intermedio a avanzado
DURACIÓN:	40-50 minutos
PREPARACIÓN:	Haga tarjetones con los aforismos (ver final de la actividad), uno por cada dos alumnos. Si tiene un grupo más grande, puede buscar más frases célebres o repetir alguno. Corte los tarjetones con los refranes por la mitad. Una fotocopia del esquema de la entrevista para cada alumno

1. Haga una lluvia de ideas para sacar palabras referidas a valores. Sugiera unas pocas (sinceridad, tolerancia…) para ayudarles a pensar y escríbalas en la pizarra (si ha hecho recientemente la actividad 72, «Cualidades positivas», puede prescindir de este paso).

2. Luego, de nuevo, haga una lluvia de ideas sobre grupos de los que formen o hayan formado parte los estudiantes o que conozcan (una clase, un club, una familia, etc.). Escriba también estas palabras en la pizarra. Dígales que piensen en un grupo que haya sido especialmente importante para ellos.

3. Para asignar a cada alumno una pareja al azar, dé a cada uno la mitad del tarjetón de uno de los aforismos. Los alumnos pasean e intentan encontrar a quien tenga la otra mitad de su refrán: cuando lo encuentran, se sientan juntos.

4. Dígales que en un minuto van a entrevistarse uno al otro para saber cosas de un buen grupo al que hayan pertenecido. Deben intentar tener una imagen mental muy clara del grupo. Deciden quién va a ser A y quién B en cada pareja. Los A entrevistarán primero a los B. Dígales que la entrevista consta de dos partes: primero van a decir algo positivo sobre ellos mismos, para luego explorar el grupo que conozcan. Los entrevistadores deberán animar a los entrevistados a que hablen, sin interrumpirlos. Deberán formular sus preguntas lentamente y dar tiempo a sus compañeros para que piensen las respuestas cuidadosamente.

SECCIÓN 5 ▸ MIRAR HACIA DENTRO

75 Nuestro grupo

Esquema de la entrevista

> PARTE I
>
> Haz a tu compañero las preguntas siguientes. Dale tiempo suficiente para que conteste la primera antes de pasar a la segunda.
>
> - *Si yo preguntara a personas que te conocen bien cuáles son algunas de tus cualidades positivas, ¿qué dirían?*
> - *¿Qué valores son importantes para ti?*
>
> PARTE II
>
> *Piensa en un momento en el que pertenecías a un grupo realmente bueno. Recuerda mentalmente ese grupo. Piensa lo que significaba estar en el grupo. Cuéntamelo.*
>
> Pausa para que empiece a hablar tu compañero.
>
> Si necesitan ayuda, haz preguntas como las siguientes: *Cuéntame más cosas. ¿Cómo te sentías en el grupo? ¿Qué te hacía sentirte de esa manera? ¿Qué hacía que el grupo fuera tan bien?*

5 Una vez terminadas las entrevistas, los papeles se cambian y los B entrevistan a los A. Cuando hayan podido completar las segundas entrevistas, el grupo se reúne de nuevo y, mediante lluvia de ideas, se establece cuáles son las cosas que caracterizan a un grupo bueno. Escríbalas en la pizarra y coméntelas. Invite a los alumnos a que sugieran cosas para que la clase funcione como un buen grupo.

NOTA

Esta actividad resulta útil al comienzo de un curso para lograr desde el principio un ambiente de grupo productivo. Hadfield (1992) y Dörnyei y Murphey (2003), entre otros, han señalado la importancia de conseguir un buen clima de grupo para mejorar el aprendizaje de lenguas en el aula.

El formato de esta actividad ha sido adaptado del diálogo de investigación apreciativa (ver Cooperrider 2001). Lo hemos utilizado con estudiantes que necesitan trabajar juntos en proyectos de grupo para hacerlos conscientes de su importancia, su coherencia y su buen funcionamiento. Los estudiantes se

SECCIÓN 5 ▸ MIRAR HACIA DENTRO

75 Nuestro grupo

quejan a menudo de que, cuando trabajan en grupos, unos hacen todo el trabajo mientras otros no hacen ningún esfuerzo. Elevar la conciencia de grupo puede ayudar a evitar esa situación y a promover el compromiso de todos sus miembros.

TARJETAS DE AFORISMOS

Si crees que puedes	o que no puedes … tienes razón.
En todas las cosas, solo aprendemos	de aquellos a los que amamos.
El primer paso para la sabiduría es el silencio;	el segundo, escuchar.
Los problemas son lo que ves	cuando apartas los ojos de tu objetivo.
Puede que olviden lo que dijiste	pero nunca olvidarán lo que les hiciste sentir.
Un buen comienzo hace	un buen final.
Todo lo que puedas imaginar	es real.
Si no eres feliz aquí y ahora,	nunca serás feliz.
Solo en la oscuridad	puedes ver las estrellas.
Tú deberías ser el cambio que	quieres ver en el mundo.
Primero intenta comprender,	luego, ser comprendido.
La mente es como un paracaídas;	solo funciona cuando está abierta.
Si no puedes ser un poeta,	sé un poema.
No te conviertes en lo que tú piensas,	sino en lo que crees.

SECCIÓN 5 ▶ MIRAR HACIA DENTRO

76 Desconecta

CONTENIDOS:	Escribir, escuchar y hablar
NIVEL:	Intermedio bajo a avanzado
DURACIÓN:	20-30 minutos
PREPARACIÓN:	Ninguna

1. Explique a los alumnos la importancia de saber cómo evitar el estrés para aprender, en general, y para situaciones de examen, en particular; para mantener una buena salud y por muchas otras razones. Dígales que va a darles una herramienta para que la usen cuando la necesiten. Haga que se sienten cómodamente y diga con voz tranquila:

    Observa tu respiración por un momento, observa cómo cuando inhalas aparece un sentimiento de calma y que, cuando exhalas, tus preocupaciones y problemas se hacen más pequeños e incluso desaparecen…

    Ahora, para ayudarte a relajarte más, piensa en un lugar que tú creas que es muy tranquilo. Puede ser un lugar real que conozcas o un lugar maravilloso que imagines…

    Voy a darte unos momentos para que estés en ese lugar, para observar todo lo que hay allí, para experimentar por completo lo que ves, lo que oyes, lo que hueles, lo que sientes allí. Disfruta de ese lugar.

    Pausa de 3 a 4 minutos.

    Ahora vas a volver al aula, pero recuerda que puedes regresar a ese lugar en tu mente siempre que quieras relajarte y sentirte mejor.

2. Ahora, dígales que recuerden ese lugar y que lo describan por escrito en forma de visita guiada. Deles un esquema básico como el siguiente, que pueden utilizar total o parcialmente:

    Quiero que imagines que estás caminando en/hacia/por/ (lugar) … Es un … (día de) … (estación). Son las … (hora del día). Vemos … Hay… También vemos… Ahora llegas a … Cuando caminas, oyes …

3. Anímeles a que usen todos los sentidos y a incluir todos los detalles que puedan. También pueden sugerir cosas que un visitante podría querer hacer en ese lugar. Mientras escriben, puede ir por el aula y ayudarles con sus dudas lingüísticas, pero enfatice que deben escribir de forma clara y muy simple.

SECCIÓN 5 ▸ MIRAR HACIA DENTRO

76 Desconecta

4 Cuando terminen, en parejas y hablando de modo lento y tranquilo, uno hace de guía al otro en su visita a sus lugares especiales. Cuando los A terminan, los B les agradecen la visita y entonces los B guían a los A en sus recorridos por sus lugares. Cuando hayan terminado los dos, pueden comentar cómo les ha ido.

NOTA

Después de la actividad, puede recordar a sus estudiantes la importancia de estar relajados, e invitarles a que respiren hondo y regresen a su lugar especial un minuto dos o tres veces al día. Marc Helgesen (comunicación personal) señala que en su departamento universitario en Japón enseñan a los estudiantes este tipo de técnica y les animan a utilizarla en exámenes, entrevistas de trabajo y muchas otras situaciones.

SECCIÓN 5 ▶ MIRAR HACIA DENTRO

77 Imagina… un mundo ideal

Imagina a toda esa gente … … viviendo la vida en paz. John Lennon

CONTENIDOS:	Destrezas orales y escritas
NIVEL:	Intermedio bajo a avanzado
DURACIÓN:	15 minutos, luego dos períodos de 40-50 minutos
PREPARACIÓN:	Fotocopias de la hoja de trabajo

Esta actividad ha sido diseñada para ser realizada como trabajo por proyectos.

LECCIÓN 1

1. Utilizando la estructura de aprendizaje cooperativo «Piensa-En Pareja-Comparte (Kagan: 1994)», diga a sus alumnos que escriban de modo individual todas las cosas buenas del mundo que se les ocurran. Luego comparan sus listas con un compañero. Solo cuando hayan tenido la oportunidad de pensar por sí mismos y de hablar con una sola persona les pide que «compartan públicamente» sus ideas con toda la clase. Entonces, usted escribe sus sugerencias en la pizarra, tal como se las dicen o agrupándolas en distintas categorías.

2. Dígales que piensen, para la próxima clase, cómo sería su mundo ideal. Deben imaginar con todo detalle cómo sería ese mundo. Para guiarlos, dé a cada uno una copia de la hoja de trabajo «Mi mundo ideal» para que la completen.

LECCIÓN 2

En grupos de tres o cuatro, que ellos mismos han formado, o bien en grupos que usted les asigna, los alumnos comparan sus mundos ideales y negocian una única versión que combina cosas de todos. Luego deciden cómo presentar su mundo ideal al resto de la clase. Puede proporcionarles sugerencias como: una canción, un poema, una historia, un juego de rol, una presentación en ordenador, un póster con dibujos o dibujos y texto, una redacción, una carta de alguien que vive en el mundo ideal… Dispondrán de varios días para trabajar fuera del aula. Deles tiempo para pedirles correcciones y ayuda antes de presentar su proyecto.

LECCIÓN 3

Los grupos presentan sus proyectos al resto de la clase.

SECCIÓN 5 ▸ MIRAR HACIA DENTRO

77 Imagina… un mundo ideal

VARIACIÓN

En vez de trabajar este tema como un proyecto, después de la lección 1 cada alumno entrega una redacción basada en las notas tomadas en la hoja de trabajo.

NOTA

En la investigación apreciativa (Cooperrider 2001) se subraya que la mejor manera de enfrentarse a cualquier situación es empezar con lo positivo. Esto implica un cambio, al pasar del énfasis en mirar primero los problemas, a mirar los logros, y a pensar en lo que funciona en vez de en lo que no funciona. Recurre a la energía para el cambio, generada por los éxitos del pasado para promover desarrollos futuros. Hay una gran fuerza generadora en las imágenes de excelencia que manejamos. En esta actividad empezamos con los aspectos positivos del mundo que conocen los alumnos.

MI MUNDO IDEAL
Toma nota de tus ideas

Si imagino mi mundo ideal, algunas de las cosas que me gustaría ver, o ver más, son:
Algunas cosas que me gustaría eliminar son:
Cuando imagino mi mundo ideal, veo estas diferencias en la vida de las personas:
Veo las ciudades así:
Veo el campo, el mar, las montañas, los bosques, así:
En mi mundo ideal, me veo a mí mismo como…

Referencias

ALESANDRINI, K. L. 1985. Imagery research with adults: Implications for education. En Sheikh A. y Sheikh K. (eds.) *Imagery in Education.* Farmingdale, NY: Baywood.

ARNOLD, J. 2000. «Visualización: las imágenes mentales al servicio del aprendizaje de idiomas». *La dimensión afectiva en el aprendizaje de idiomas.* Colección Cambridge Didáctica de Lenguas. Madrid: Cambridge University Press.

ARNOLD, J. 2000. Seeing through listening comprehension exam anxiety, *TESOL Quarterly*, 34/4, 777–786.

ÁVILA, J. 2002. La activación de la inteligencia espacial: las imágenes mentales en el aula de inglés. En Fonseca, C. *Inteligencias múltiples: Múltiples formas de enseñar inglés.* Sevilla: Mergablum.

BROWN, H. D. 1991. *Breaking the Language Barrier.* Yarmouth, ME: Intercultural Press.

COOPERRIDER, D. 2001. Positive image, positive action: The affirmative basis of organizing. En Cooperrider, D., Sorensen, P., Yaeger, T., y Whitney, D. (eds.). *Appreciative Inquiry: An Emerging Direction for Organization Development.* Champaign IL: Stipes Publishing. O http://www.stipes.com/aichap2.htm

DAMASIO, A. 1994. *Descartes' Error: Emotion, Reason and the Human Brain.* Nueva York: Avon.

DAMASIO, A. 2000. *The Feeling of What Happens: Body, Emotion and the Making of Consciousness.* Londres: Vintage.

DEWEY, J. My Pedagogic Creed. http://www.infed.org/archives/etexts/e-dew-pc.htm. Publicado por primera vez en 1897, *The School Journal*, LIV/ 3, 77–80.

DÖRNYEI, Z. 2001. *Motivational Strategies in the Language Classroom.* Cambridge: Cambridge University Press.

DÖRNYEI, Z. 2005. *The Psychology of the Language Learner.* Mahwah, N: Lawrence Erlbaum Associates.

DÖRNYEI, Z. y MURPHEY, T. 2003. *Group Dynamics in the Language Classroom.* Cambridge: Cambridge University Press.

EISNER, E. 1992. The misunderstood role of the arts in human development. *Phi Delta Kappan*, 591–595.

GALLWEY, T. 1972. *The Inner Game of Tennis.* Bantam Books. Edición revisada: (1984).

GARDNER, H. 1993. *Frames of Mind: The Theory of Multiple Intelligences.* Segunda edición. Londres: Fontana Press.

REFERENCIAS

GRINDER, M. 1991. *Righting the Educational Conveyor Belt*. Portland, Oregon: Metamorphous Press.

HADFIELD, C. and J. 1998. Working with (un)limited resources. *English Teaching Professional*, 7, 11.

HADFIELD, J. 1992. *Classroom Dynamics*. Oxford: Oxford University Press.

HOUSTON, J. 1982. *The Possible Human. A Course in Enhancing your Physical, Mental and Creative Abilities.* Los Angeles: J. P. Tarcher.

KAGAN, S. 1994. *Cooperative Learning.* San Juan Capistrano, CA: Kagan Cooperative Learning.

KOSSLYN, C. 1980. *Image and Mind*. Cambridge, Mass: Harvard University Press.

KOSSLYN, C., BEHRMANN, M., & JEANNEROD, M. 1995. The cognitive neuroscience of mental imagery. *Neuropsychologia*, 33, 11, 1335–1344.

MAJOY, P. 1993. *Doorways to Learning: A Model for Developing the Brain's Full Potential*. Tucson, AR: Zephyr Press.

MARKUS, H., y RUVOLO, A. 1989. Possible selves: Personalized representations of goals. En L.A. Pervin (ed.) *Goal Concepts in Personality and Social Psychology* (pp. 211-241). Hillsdale, NJ: Lawrence Erlbaum Associates.

MCLEOD, S. 1997. *Notes on the Heart: Affective Issues in the Writing Classroom*. Carbondale: Southern Illinois University Press.

MIND GYM. 2005. *The Mind Gym: Wake your Mind Up*. Londres: Time Warner.

MURPHEY, T. 1998a. Image streaming. *English Teaching Professional*, Octubre, 9–10.

MURPHEY, T. 1998b. Motivating with Near Peer Role Models. http://www2.dokkyo.ac.jp/~esemi029/articles/nprm.html

PAIVIO, A. 1986. *Mental Representations: A Dual Coding Approach*. Nueva York: Oxford University Press.

PUCHTA, H., y RINVOLUCRI, M. 2011. *Inteligencias múltiples en ELE*. Alcobendas: SGEL.

REVELL, J., y NORMAN, S. 1997. *In Your Hands: NLP in ELT*. Londres: Saffire Press.

SADOSKI, M., y PAIVIO, A. 2000. *Imagery and Text: A DualCoding Theory of Reading and Writing*. Mahwah, NJ: Lawrence Erlbaum Associates.

STEVICK, E. 1986. *Images and Options in the Language Classroom*. Cambridge: Cambridge University Press.

STEVICK, E. 1996. *Memory, Meaning and Method*. Segunda edición. Boston: Heinle & Heinle.

THORNBURY, S. 1999. Lesson art and design. *ELT Journal*, 53, 1, 4–11. Tomlinson, B. 1994. Materials for TPR. Folio 1/2, 8–10.

REFERENCIAS

TOMLINSON, B. y ÁVILA, J. 2007a. Seeing and saying for yourself: The roles of audio-visual mental aids in language learning and use. En Tomlinson, B. (ed.), *Language Acquisition and Development: Studies of First and Other Language Learners*. Londres: Continuum.

TOMLINSON, B. y ÁVILA, J. 2007b. Applications of the research into the roles of audio-visual mental aids for language teaching pedagogy. En Tomlinson, B. (ed.), *Language Acquisition and Development: Studies of First and Other Language Learners*. Londres: Continuum.

UNDERHILL, A. 1994. *Sound Foundations*. Oxford: Heinemann.

WALLIS, C. 2006. The multitasking generation. *Time*, 27 de marzo, 48–55.

WILLIAMS, M. y BURDEN, R. 1999. *Psicología para profesores de idiomas*. Madrid: Cambridge (Colección Cambridge Didáctica de Lenguas).

YASHIMA, T., ZENUK-NISHIDE, L., y SHIMIZU, K. 2004. The influence of attitudes and affect on willingness to communicate and second language communication. *Language Learning*, 54(1), 119—152.

ZIMMERMAN, S. y KEENE, E.O. 1997. *Mosaic of Thought: Teaching Comprehension in a Reader's Workshop*. Portsmouth, NH: Heinemann.

Guía de referencia rápida para el profesor

Para usar esta tabla, piense en el tiempo de que dispone y búsquelo en la columna de la izquierda. Luego mire los casilleros que se refieren al nivel de sus estudiantes, o bien empiece con el nivel de sus estudiantes y luego mire el tiempo de que dispone. De todas maneras, tiempo y nivel siempre son solo indicativos.

Las actividades que encuentre en la intersección de estos dos parámetros son apropiadas para el tiempo de que dispone y el nivel de sus alumnos. Y en esa misma fila, el casillero situado en la columna de la derecha le indica dónde puede encontrar la actividad.

La primera vez que ponga en práctica una de estas actividades puede tardar algo más de tiempo en realizarla que el que se señala aquí.

GUÍA DE REFERENCIA RÁPIDA PARA EL PROFESOR

DURACIÓN (en minutos)	ELEMENTAL	INTERMEDIO BAJO	INTERMEDIO	INTERMEDIO ALTO	AVANZADO	SECCIÓN	ACTIVIDAD
2/any time			La corrección visual de errores			2	26
3-5			Del tacto a la imagen interior			1	5
5-10			El gatito que está en tu regazo			1	2
5-10			Del movimiento a la imagen interior			1	6
5-10			Ver colores y números			1	8
5-10			Dar la vuelta a una imagen			2	22
5-10			¿Qué he aprendido hoy?			2	27
5-15	Señala dónde está la ventana					1	1
10-15		Formas en espacios				4	55
15			Imagina el vocabulario			1	7
15			Dejar que fluyan las imágenes			4	50
15-20		Tu propio nombre				1	10
15-20		Repasar vocabulario mediante imágenes				2	21
15-20		Subir en un globo				4	53
20			Despierta tus sentidos			1	4
20				El soñador que hay en mí		1	13
20			Habla, escucha y dibuja			2	31
20			Siempre hay alguien con quien hablar			2	33
20				La máquina del tiempo		4	60
20			Cualidades positivas			5	72
20-30	Visualizar *ser* y *estar*					2	28
20-30			Crear una imagen mental			1	9
20-30				Lavarse las manos		1	11
20-30			Hacer rotar frases en la mente			2	23
20-30				Cómo expandir una historia		3	36
20-30	Comprender el vocabulario de una historia					3	39
20-30			Mis sitios preferidos			4	49
20-30				Cuestión de edad		5	61
20-30			Conoce al sabio que hay dentro de ti			5	70
20-30			Desconecta			5	76
25-35			Elepientes y cebradrilos			2	17
30			Cooperar para describir			2	32
30			La historia de una ratoncita			3	40
30			Un día en la vida de…			3	42
30			El final de la historia			3	45
30			Experiencias nocturnas			4	57
30			Dibujar una imagen tuya			5	73

GUÍA DE REFERENCIA RÁPIDA PARA EL PROFESOR

DURACIÓN (en minutos)	ELEMENTAL	INTERMEDIO BAJO	INTERMEDIO	INTERMEDIO ALTO	AVANZADO	SECCIÓN	ACTIVIDAD
30			Museo de imágenes			1	14
30-40				Tu cine particular		1	12
30-40			Ser el doble de un retrato			2	15
30-40			Los pronombres y la realidad a la que se refieren			2	18
30-40			El pretérito perfecto en imágenes			2	20
30-40				Una receta		2	24
30-40			Recuerda aquel entonces			4	51
30-40			Había un universo brillante, brillante			4	59
30-40		Mi *yo* en el futuro				5	63
30-40				Tres tipos de personalidad		5	68
30-40				El anillo mágico		5	71
30-40			Un nuevo *tú*			5	74
30-50				Buenos amigos		5	62
30-60			¿Qué clase de padre?			3	44
35-40			Vivir las estaciones			4	58
40			De las imágenes al poema			2	30
40				De la audición a la lectura y la escritura		3	35
40			Empezar desde espacios			4	52
40-50			Aprender una palabra con su familia y amigos			2	16
40-50				Preparándonos para leer		2	29
40-50		Sonidos, murmullos, historias				3	37
40-50				Crear una historia		3	38
40-50		Pan con sorpresa				3	41
40-50			Escribir a partir del sonido de la música			3	46
40-50			Escritura guiada			3	47
40-50			El lago del bosque			4	54
40-50				Mi *yo* lingüístico ideal		5	67
40-50				Nuestro grupo		5	75
45-50				¿Qué es la felicidad?		5	64
50			Escribir con ayuda de la música y de los demás			5	66
50-60				La traducción flotante		2	19
50-60				Escucha y sueña despierto		2	25
50-60					Explorar el aburrimiento	5	69
5 + 20-30			Donde viven los animales			4	56
15 + 15			Preguntas sobre un dibujo			1	3
15-20 + 5-10			Escritura automática			2	34

196

GUÍA DE REFERENCIA RÁPIDA PARA EL PROFESOR

DURACIÓN (en minutos)	ELEMENTAL	INTERMEDIO BAJO	INTERMEDIO	INTERMEDIO ALTO	AVANZADO	SECCIÓN /	ACTIVIDAD
15 + 40-50 +40-50		Imagina… un mundo ideal				5	77
25-35 + 5-10		La lengua materna, banco de recursos				5	65
40-50 + 10				Vivir mi día otra vez		3	43
40-50 + 15-30		Escribir a partir de ilustraciones				3	48

El CD / CD-ROM

El CD que acompaña a este libro tiene dos partes:

1. Texto e imágenes:

    - Archivos de texto que contienen hojas de trabajo y textos para uso en la clase.
    - Archivos que tienen el material artístico incluido en las actividades del libro.

    En ambos casos, usted puede imprimir el material, pasarlo a transparencias o convertirlo a archivos de PowerPoint.

    CREAR PPT   **EDITAR**   **GUARDAR**   **IMPRIMIR**

2. Archivos de audio con:

    - Una selección de guiones grabados de las actividades.
    - Fragmentos musicales que pueden usarse en diversas actividades o para acompañar su lectura de los guiones del libro. Todos los archivos de audio pueden reproducirse directamente desde su ordenador o desde un reproductor de CD.

    Los siguientes iconos le ayudarán para seleccionar archivos: